DEVOCIONAL MULHER REAL

PLENITUDE DE ESPÍRITO, ALMA E CORPO

DEVOCIONAL MULHER REAL

PLENITUDE DE ESPÍRITO, ALMA E CORPO

JUNIA
HAYASHI

quatro ventos

Editora Quatro Ventos
Avenida Pirajussara, 5171
(11) 99232-4832

Diretor executivo:
Raphael T. L. Koga

Editora-chefe:
Hanna Pedroza Carísio

Equipe editorial:
Israel Paixão
Juliana Bargas

Editora:
Hanna Pedroza Carísio

Revisão:
Lucas Lavisio
Sabrina Cardoso Felix

Diagramação:
Suzy Mendes

Capa:
Vinícius Lira

Todas as citações bíblicas e de terceiros foram adaptadas segundo o Acordo Ortográfico da Língua Portuguesa, assinado em 1990, em vigor desde janeiro de 2009.

Todo o conteúdo aqui publicado é de inteira responsabilidade da autora.

Todas as citações bíblicas foram extraídas da Nova Almeida Atualizada, salvo indicação em contrário.

Citações extraídas do site *https://bibliaonline.com.br/naa.* Acesso em agosto de 2025.

1ª Edição: setembro 2025
1ª reimpressão: outubro de 2025

Catalogação na publicação
Elaborada por Bibliotecária Janaina Ramos – CRB-8/9166

H413d

Hayashi, Junia
Devocional mulher real: plenitude de espírito, alma e corpo / Junia Hayashi. – São Paulo: Quatro Ventos, 2025.

128 p.; 15,5 X 20,3 cm

ISBN 978-65-5339-011-9

1. Mulheres - Devocional. I. Hayashi, Junia. II. Título.

CDD 248.843

Índice para catálogo sistemático

I. Mulheres - Devocional

COMO LER ESTE DEVOCIONAL

Este devocional é mais do que leitura: é um caminho de discipulado com o Espírito Santo. Ao longo de 21 dias, Deus irá trabalhar em diferentes áreas de quem você é. O objetivo não é apenas chegar ao fim do livro, mas ser transformada em cada etapa — corpo, alma e espírito rendidos ao Senhor. Para aproveitar ao máximo os próximos 21 dias:

1

VIVA UM DIA DE CADA VEZ

Caminhe sem pressa. Cada texto foi escrito para ser lido com calma, em oração e reflexão. Reserve um horário fixo do seu dia, seja pela manhã, ao acordar, ou à noite, antes de descansar, e consagre esse momento exclusivamente ao Senhor. Leia com atenção, como quem se alimenta de algo precioso que vai nutrir espírito, alma e corpo.

2

SEPARE UM ESPAÇO ESPECIAL

Crie um ambiente tranquilo, longe de distrações. Coloque o celular de lado, pegue sua Bíblia, um caderno ou diário e uma caneta. Esse é um encontro íntimo com Deus, então vale a pena preparar o coração e o espaço para Ele.

3

ORE A PALAVRA

Após a leitura, ore. Ore no Espírito e ore com entendimento, deixando que o Espírito Santo conduza a Sua intercessão e transforme as verdades lidas em vida prática.

4

ANOTE REVELAÇÕES E COMPROMISSOS COM DEUS

Tenha um diário para registrar o que Deus falar com você. Escreva as revelações, os versículos que mais tocaram o seu coração e os compromissos práticos que você deseja assumir naquele dia.

5

VIVA NA PRÁTICA

Cada texto traz um convite à transformação integral. Pergunte-se: "Como posso viver isso hoje?". Além da leitura e oração, este devocional também é um chamado a práticas cotidianas que refletem mordomia e equilíbrio:

* Ler a Bíblia com constância, enchendo a mente da verdade eterna.
* Meditar na Palavra, permitindo que ela desça do intelecto para o coração.
* Alimentar-se de modo balanceado, nutrindo o corpo com sabedoria.
* Beber água regularmente, lembrando-se de que somos templo do Espírito.
* Praticar exercícios físicos diariamente, fortalecendo o corpo como instrumento de Deus.
* Iniciar ou cultivar um hobby saudável, que traga descanso à alma e expresse a criatividade dada por Deus.

Leia, ore, anote, pratique. Permita que cada escolha espiritual e física seja uma forma de adoração. Este é um convite para viver de forma integral, equilibrada e rendida, deixando que todo o seu ser glorifique a Cristo.

CHECKLIST

SEMANA 1				SEMANA 2				SEMANA 3			
DIA				DIA				DIA			
1				8				15			
2				9				16			
3				10				17			
4				11				18			
5				12				19			
6				13				20			
7				14				21			

AGRADECIMENTOS

Sou grata Àquele que sempre me capacita a realizar tudo aquilo que me chama a fazer, meu amado Senhor. Também a toda a equipe que trabalhou junto comigo para que este projeto acontecesse.

DEDICATÓRIA

Dedico este devocional à minha filha, Kaila Sayuri. Que você seja uma mulher de Deus que viva em Sua plenitude, usufruindo de tudo aquilo pelo qual Ele pagou o preço na Cruz. Sua vida é a expressão da bondade de Deus em nossas vidas.

INTRODUÇÃO

O CHAMADO PARA A ENTREGA PLENA DE SEU SER

"O mesmo Deus da paz vos santifique em tudo; e o vosso espírito, alma e corpo sejam conservados íntegros e irrepreensíveis na vinda de nosso Senhor Jesus Cristo.
Fiel é o que vos chama, o qual também o fará."
(1 Tessalonicenses 5.23-24 – ARA)

Este devocional não será um "passe de mágica" em sua vida, tampouco deve substituir sua leitura bíblica diária. Mas, oro para que ele se torne instrumento de transformação de Deus em você, em seu espírito, alma e corpo. À medida que escrevo estas páginas, clamo ao Espírito Santo que a toque intensamente, alcance lugares profundos em sua alma e a conduza à plenitude de vida para a qual Ele a criou.

Meu maior anseio, ao sonhar com este devocional e interceder por ele, é que você compreenda, a partir de cada reflexão, que toda a nossa vida deve ser uma expressão de adoração a Deus. Assim como está escrito em Colossenses:

"Tudo quanto fizerdes, fazei-o de todo o coração, como para o Senhor e não para homens, cientes de que recebereis do Senhor a recompensa da herança. A Cristo, o Senhor, é que estais servindo." (Colossenses 3.23-24)

Tudo o que fazemos precisa ter como alvo o Senhor, sempre com o desejo sincero de agradá-lO, exaltá-lO, adorá-lO e torná-lO conhecido por meio de nossas atitudes, escolhas e obras.

Quando recebemos a revelação de que tudo é sagrado, desde que feito de todo o coração para Deus, tudo muda. Já não dividimos nossa vida entre o sacro e o secular, nem separamos corpo, alma e espírito. Reconhecemos que somos um só ser, porém tripartido, criado por um Deus Trino, que deseja uma entrega completa, uma vida inteiramente rendida a Ele, em constante adoração ao Rei dos reis. E, como afirmam as Escrituras em 1 Tessalonicenses 5.23, o nosso Deus da paz nos santificará em tudo, conservando-nos íntegras e irrepreensíveis tanto em nosso espírito, quanto em nossa alma e nosso corpo, para o dia do Senhor, pois Ele é digno de tudo o que somos e temos por completo.

Acima de tudo, é essencial que tenhamos plena convicção de que, mesmo nos dedicando integralmente a Ele e buscando caminhar no Espírito, ainda habitamos em um corpo corruptível. Por isso, tudo o que fizermos precisa originar-se de uma total dependência do Espírito Santo do Deus Vivo. Falo por experiência própria: nem toda a motivação interna, dedicação, organização e disciplina são capazes de substituir a obra do próprio Espirito de Deus em mim e em você, tampouco de se equipararem a ela.

E, por isso, precisamos estabelecer um princípio fundamental desde o início: o nosso ponto de partida deve estar corretamente alinhado com essa verdade bíblica. Só assim o Espírito Santo efetivamente terá espaço para operar em nós. Tudo quanto realizarmos necessita ser por meio de Seu poder atuante em nós. Como cristãs, não podemos agir apoiadas em força humana, nossa responsabilidade é responder a Deus em pronta obediência. Que esta verdade seja a base sobre a qual você permitirá que o Espírito Santo realize a obra d'Ele em sua vida: *"[...] Não por força nem por poder, mas pelo meu Espírito, diz o Senhor dos Exércitos."* (Zacarias 4.6).

A verdadeira transformação nasce da Presença. O Deus que um dia andou entre nós agora habita em nós. E, onde Ele vive, Ele governa e transforma para a Sua própria glória. Andar no Espírito é permitir que Ele forme Cristo em você, impactando o seu corpo, sua alma e seu espírito.

Portanto, se você anseia por uma mudança verdadeira e plena, apresente-se diante d'Ele com fome, reverência e entrega real. Você foi criada para ser morada do Espírito Santo, e somente Ele pode efetuar em você tanto Seu querer, quanto Seu realizar (cf. Filipenses 2.13).

VAMOS ORAR JUNTAS?

Pai, peço agora ao Senhor que venhas agir em mim. Efetua em mim o Teu querer e o Teu realizar, para que eu seja forjada por Ti, para Tua honra e Tua glória. Aumenta a minha sede por mais de Ti, aumenta o meu desejo pela Tua presença, aumenta a minha fome pela Tua Palavra. Não trabalharei com esforço próprio, uma vez que desejo ver frutos espirituais em minha vida. Eu me rendo a Ti para que faças a Tua obra em mim. Tens toda a autoridade e liberdade para agir em minha vida. Faz em mim conforme o Teu querer e a Tua Palavra. Hineni, eis-me aqui, completamente disponível, disposta e pronta para o Teu agir. Forma Cristo em mim e produz o fruto do Teu Espírito. Em nome de Jesus Cristo, eu oro. Amém.

O ESPÍRITO

"Pois todos os que são guiados pelo Espírito de Deus são filhos de Deus. Porque não recebestes o espírito de escravidão, para viverdes, outra vez, atemorizados, mas recebestes o espírito de adoção, baseados no qual clamamos: Aba, Pai. O próprio Espírito testifica com o nosso espírito que somos filhos de Deus. Ora, se somos filhos, somos também herdeiros, herdeiros de Deus e coerdeiros com Cristo; se com ele sofremos, também com ele seremos glorificados."
(Romanos 8.14-17 – ARA)

O espírito humano representa a parte mais íntima e essencial do nosso ser, a sede da comunhão com Deus, o lugar onde Ele habita e Se revela a nós. Foi ali que, conforme Gênesis 2.7, recebemos o sopro da criação, tornando-nos capazes de viver em comunhão verdadeira com o Criador. É no espírito que temos acesso à vontade divina e experimentamos a presença de Deus em profundidade. Desde o princípio, Ele plantou em nossos corações o anseio pela Eternidade, como afirma Eclesiastes 3.11, anseio esse que não pode ser satisfeito por nada terreno, mas apenas pela vida que nasce de Deus e pela comunhão com Ele. Ao confessarmos Cristo como Senhor e Salvador, nascemos de novo do Espírito Santo, e a sede do nosso interior é plenamente saciada, encontrando ali resposta mais profunda da nossa existência.

É importante discernirmos, antes de tudo, que somos espíritos que possuem uma alma e habitam em um corpo, mas é em nosso espírito que recebemos a verdadeira identidade de quem somos: filhas de Deus, que tanto nos ama. De acordo com Romanos 8.15, somos adotadas e habilitadas a clamar: "*Aba*, Pai!". É exatamente essa identidade que nos diferencia de toda a criação visível, pois animais, plantas e todos os seres criados possuem corpo, mas apenas o homem e a mulher nascidos de novo são filhos de Deus.

Essa dimensão espiritual não é uma parte secundária do ser humano, mas a essência de nossa identidade. Quando a reconhecemos, nosso espírito governa a alma e o corpo sob a direção do Espírito Santo; somos fortalecidas em nosso Homem interior e, assim, conduzidas a uma vida de santidade, obediência e profunda comunhão com o Pai.

Ao nascermos do Espírito Santo, adquirimos a capacidade de discernir a vontade do Pai e de viver em obediência e santidade. No espírito, somos conduzidas a uma vida transformada; a fé deixa de ser apenas conhecimento teórico e passa a ser uma experiência viva e constante em nosso interior, guiando-nos pelo Espírito e não mais segundo a carne. Essa é a verdadeira vida, a vida em abundância de que Jesus nos falou (cf. João 10.10): não apenas conhecer a Deus, mas desfrutar de uma comunhão íntima com Ele, ser conhecida por Ele, viver pela Eternidade, cumprir Sua vontade, estabelecer Seu Reino e preparar o caminho para a Sua volta.

dia
01

O ESPÍRITO SANTO EM NÓS: TEMPLO VIVO DO SENHOR

"Jesus respondeu: Se alguém me ama, guardará a minha palavra; e meu Pai o amará, e viremos para ele e faremos nele morada."
(João 14.23)

A parte mais importante a compreendermos sobre o nosso espírito é esta: somos morada do Espírito Santo de Deus. Não se trata apenas de um conceito teológico distante, mas de uma realidade viva, profunda e transformadora. Quando entendemos que somos habitação do Deus vivo, tudo em nossa vida é impactado: a forma como vivemos, pensamos e agimos nunca mais é a mesma. Não somos apenas pessoas que recebem uma visita temporária do Senhor; somos o lugar da Sua habitação.

No Antigo Testamento, lemos que o Espírito Santo vinha sobre pessoas de maneira pontual, para capacitá-las em uma missão ou tarefa específica. Assim aconteceu com Sansão, que recebia força sobrenatural para enfrentar os inimigos de Israel,[1] e com os profetas, que falavam inspirados por Ele.[2] Mas em Cristo, depois

1 Cf. Juízes 14.6.

2 Cf. Deuteronômio 34.10; Jeremias 1.9; Ezequiel 2.2; Miqueias 3.8.

de Pentecostes,[3] houve uma mudança gloriosa: o Espírito passou a habitar de forma contínua em cada filho de Deus. Não somos apenas tocadas por momentos da presença divina; somos a Sua casa, Seu templo vivo.

Essa verdade muda a forma como vivemos. Quando nos tornamos lugar de habitação, precisamos permitir que Ele influencie as nossas atitudes, impacte e transforme todo o nosso ser. Afinal, o próprio Deus escolheu morar em nós, portanto devemos levar a sério o que significa viver com Ele, n'Ele e por meio d'Ele.

Fomos compradas por alto preço[4] e, por isso, devemos glorificar a Deus em nosso corpo, nossa alma e espírito, que pertencem a Ele. Em Efésios 1.13-14, aprendemos que o Espírito Santo é o "selo da promessa" e a "garantia da nossa herança", habitando em nós como certeza de que pertencemos a Deus e somos guardadas até o dia da redenção. Essa verdade nos dá segurança e confiança para viver diariamente como filhas amadas.

Se somos templos vivos, isso significa que nossa vida deve ser consagrada a Deus. Assim como o templo de Jerusalém tinha áreas dedicadas somente ao Senhor,[5] também nossa mente, nosso corpo e nossas atitudes precisam ser separados para Ele. Não podemos viver de qualquer maneira. Cada palavra que falamos, cada decisão que tomamos deve glorificar ao Senhor.[6]

---

3 Cf. Atos 2.

4 Cf. 1 Coríntios 6.20.

5 Cf. Êxodo 26.33; 1 Reis 6.16-18.

6 Cf. 1 Coríntios 10.31.

Quando temos a revelação de que somos templo do Espírito Santo, entendemos também que nos tornamos alvo da Sua obra transformadora, a obra da santificação. Viver como morada de Deus significa andar em obediência e amor, permitindo que o Espírito Santo molde nosso caráter à imagem de Cristo e produza Seu fruto em nós, como Paulo ensina em Gálatas 5.22-23: amor, alegria, paz, paciência, bondade, fidelidade, mansidão e domínio próprio. Essas marcas não vêm de esforço humano, mas de uma vida continuamente cheia do Espírito.

Na vida prática, isso pode significar escolher falar palavras de bênção em vez de críticas, liberar perdão em vez de alimentar rancor, cultivar a paz em vez de reagir com ira. Pequenas escolhas diárias mostram se estamos permitindo que o Espírito Santo governe nossas vidas. Afinal, "[...] *todos os que são guiados pelo Espírito de Deus, esses são filhos de Deus*" (Romanos 8.14 – ACF).

No passado, a glória do Senhor encheu o Tabernáculo de Moisés[7] e o Templo de Salomão.[8] Hoje, essa mesma glória se manifesta em nós, templos vivos do Espírito Santo.[9] Ele habita em nosso interior, nos sela e nos enche diariamente.[10] Por isso, precisamos buscar constantemente estar cheias d'Ele, permitindo que Sua presença nos dirija, console, ensine, fortaleça e transforme.

---

7 Cf. Êxodo 40.34-35.

8 Cf. 1 Reis 8.10-11.

9 Cf. 1 Coríntios 6.19.

10 Cf. Efésios 1.13-14.

Ser templo do Espírito Santo é o maior privilégio da vida cristã e também o maior chamado: viver uma vida que agrada a Deus, não entristecendo o Espírito, mas refletindo a glória do Pai.

VAMOS ORAR JUNTAS?

Pai, obrigada por teres nos escolhido para ser Tua morada. Que possamos, cada vez mais, habitar nessa revelação de que somos templo do Espírito Santo, do Deus vivo, e viver de acordo com isso. Transforma-nos, molda-nos de acordo com a Tua imagem. Em nome de Jesus, amém.

PASSOS PRÁTICOS

Troque o wallpaper do seu celular por 1 Coríntios 6.19. Assim, durante os 21 dias você será constantemente lembrada de que é templo do Espírito Santo: *"Acaso não sabem que o corpo de vocês é santuário do Espírito Santo que habita em vocês, que lhes foi dado por Deus, e que vocês não são de si mesmos?"* (1 Coríntios 6.19 – NVI).

dia 02

A PALAVRA QUE TRANSFORMA

> **"Não cesses de falar deste Livro da Lei; antes, medita nele dia e noite, para que tenhas cuidado de fazer segundo tudo quanto nele está escrito; então, farás prosperar o teu caminho e serás bem-sucedido."**
> (Josué 1.8 – ARA)

Imagine tentar atravessar um deserto sem mapa, bússola ou água. Seria impossível chegar ao destino. Assim é a nossa vida sem a Bíblia: um caminho árido, confuso e sem direção. Mas, ao abrirmos a Palavra, descobrimos que ela é o mapa, a bússola e a fonte de água viva para nossa jornada. Não estamos falando de um livro comum ou um manual de conduta moral, estamos falando sobre a Palavra escrita de Deus. Se Jesus é a Palavra encarnada, as Escrituras são a revelação escrita do próprio Deus. Sem conhecer a Ele na Bíblia, não há como reconhecê-lO fora dela. Por isso, a leitura do Livro Sagrado é fundamento inegociável para uma vida cristã saudável e frutífera.

Na Bíblia está registrada a história do relacionamento de Deus com Seu povo, do qual fazemos parte — a história de Seu amor e Sua fidelidade para com os Seus. É importante conhecê-la para aprendermos com ela e fazermos mais história com Deus. A

Palavra também fortalece a nossa fé, pois, ao ouvirmos e lermos as Escrituras e ao meditarmos nelas, nossa fé é ampliada e firmada em quem Ele é.[1] Em um dos textos mais conhecidos dos Evangelhos, Jesus declarou: "[...] *Não só de pão viverá o homem, mas de toda palavra que procede da boca de Deus*" (Mateus 4.4 – ARA). A Bíblia também é alimento espiritual — assim como o corpo necessita de pão, nosso espírito precisa ser nutrido pela Palavra. Sem esse alimento, nossa vida espiritual enfraquece; com ele, encontramos força, equilíbrio e crescimento.

Ela ainda ilumina nossa jornada, nos apresentando princípios sábios e eternos que se aplicam a todas as áreas da vida: relacionamentos, liderança, decisões práticas, conduta moral etc. O salmista declara: "*Lâmpada para os meus pés é a tua palavra e luz para os meus caminhos*" (Salmos 119.105 – ARA). Ao nos debruçarmos sobre a Palavra e nos expormos a ela, somos confrontadas com a realidade divina e moldadas ao padrão celestial. Uma vez que "*Toda a Escritura é inspirada por Deus e útil para o ensino, para a repreensão, para a correção, para a educação na justiça, a fim de que o homem de Deus seja perfeito e perfeitamente habilitado para toda boa obra*" (2 Timóteo 3.16-17), a Palavra, completamente inspirada pelo Espírito Santo, não apenas nos instrui, mas também nos corrige, educa e capacita para cumprir o chamado de Deus.

Ela ainda nos ajuda a resistir ao pecado e fugir da tentação, como declara o salmista: "*Escondi a tua palavra no meu coração, para eu não pecar contra ti*" (Salmos 119.11 – ACF). Ao mesmo tempo,

---

1 Cf. Romanos 10.17.

nos torna como árvores frutíferas, enraizadas na presença de Deus: "*Ele é como árvore plantada junto a corrente de águas, que, no devido tempo, dá o seu fruto, e cuja folhagem não murcha; e tudo o que ele faz será bem-sucedido*" (Salmos 1.3).

Quem lê a Palavra e medita nela consistentemente produz frutos visíveis: experimenta crescimento espiritual, maturidade e discernimento, além de acessar paz e consolo em meio à ansiedade e às angústias da vida.

Por fim, a Palavra enche nossa vida de esperança e propósito. Ela nos dá clareza interior, renova nossa mente, fortalece nossa fé e alinha nosso coração com a vontade de Deus. Até mesmo estudos científicos[2] apontam que a prática regular da leitura bíblica reduz sintomas de depressão, solidão e ansiedade, favorece disciplina, resiliência, saúde mental e fortalece os laços comunitários. Ou seja, até a ciência confirma aquilo que a fé sempre soube: a Palavra de Deus é fonte de vida abundante. Ela nos dá clareza interior, renova nossa mente, fortalece nossa fé e alinha nosso coração com a vontade de Deus. Quem se alimenta dela não tem apenas acesso a um bom livro, mas ao próprio Autor da criação.

---

2 COLE, Arnold; OVWIGHO, Pamela Caudill. Understanding the Bible Engagement Challenge: Scientific Evidence for the Power of 4. 2009. Disponível em: *https://bttbfiles.com/web/docs/cbe/Scientific_Evidence_for_the_Power_of_4.pdf*. Acesso em: ago. 2025.

VAMOS ORAR JUNTAS?

Senhor Deus, reconhecemos a Bíblia como a Tua palavra escrita. Sabemos que há poder nela e pedimos ao Senhor que venhas nos ensinar como lê-la, como ser alimentadas e transformadas por ela. Que possamos a cada dia mais amar a Tua palavra. Em nome de Jesus, amém.

PASSOS PRÁTICOS

Escolha um versículo que tenha tocado seu coração e escreva-o em um *post-it*. Depois, coloque-o em um lugar onde você possa vê-lo várias vezes ao longo do dia: na geladeira, na tela do computador ou até na porta do banheiro. Cada vez que você se deparar com esse versículo, deixe que ele te inspire, te fortaleça e te recorde da presença constante de Deus em sua vida.

dia
03

ORAÇÃO: O RESPIRAR DA VIDA CRISTÃ

"Orai sem cessar."
(1 Tessalonicenses 5.17 – ARA)

A oração é para o cristão o que o respirar é para o ser humano: essencial. Assim como ninguém vive sem respirar, não há vida cristã verdadeira sem oração. Ela é a nossa comunicação direta com Deus, o momento em que abrimos o coração diante d'Ele e passamos a conhecê-lO de forma mais profunda. É no diálogo com o Pai que entregamos nossas preocupações, expressamos nossa gratidão, confessamos nossos pecados e buscamos conhecer a Sua vontade.

É também um lugar de troca, de deixarmos diante de Deus os nossos fardos e recebermos d'Ele descanso e paz.[1] O apóstolo Paulo nos lembra:

> *Não andeis ansiosos de coisa alguma; em tudo, porém, sejam conhecidas, diante de Deus, as vossas petições, pela oração e pela súplica, com ações de graças. E a paz de Deus, que*

1 Cf. Mateus 11.28-30.

> *excede todo o entendimento, guardará o vosso coração e a vossa mente em Cristo Jesus.* (Filipenses 4.6-7– ARA)

Quando oramos, trocamos ansiedade por paz, medo por confiança, dúvida por fé. A oração não necessariamente muda sempre as circunstâncias, mas certamente muda o nosso coração diante delas. E, quando isso acontece, conseguimos enxergar a vida com a perspectiva do Céu.

No lugar de oração, somos confrontadas pelo Espírito Santo e convencidas de nossos pecados. Ali, confessamos nossos pecados, somos perdoadas e purificadas. A oração nos transforma porque nos coloca em vulnerabilidade diante de Deus; quando abrimos o coração, Ele começa a trabalhar em nós. Mais do que mudar as situações ao redor, a oração nos molda para que possamos encarar tudo com a mente e o coração de Cristo. Esse é o poder transformador da intimidade com o Pai.

Mas a oração não é apenas para dentro de nós. Ela também é um instrumento poderoso que Deus usa para agir no mundo. Tiago afirma: "[...] *Muito pode, por sua eficácia, a súplica do justo*" (Tiago 5.16). Orar é abrir uma brecha na terra para que a realidade do Céu invada nossa vida e nosso tempo. Quando nos colocamos diante de Deus em oração, damos espaço para que Ele atue. Por isso, Jesus disse: "*Pedi, e dar-se-vos-á; buscai e achareis; batei, e abrir-se-vos-á*" (Mateus 7.7 – ARA). A oração é esse ato de fé e dependência em que apresentamos nossas necessidades, mas sempre com o coração alinhado ao Reino. Como Jesus nos ensinou: "*Buscai, pois, em primeiro lugar, o seu reino e a sua justiça, e todas estas coisas vos serão acrescentadas*" (Mateus 6.33 – ARA).

Para que seja eficaz, a oração precisa estar fundamentada na Palavra de Deus. Muitas vezes não recebemos porque pedimos mal.[2] São as Escrituras que nos ensinam pelo que orar e como orar; quando a Palavra habita em nós, ganhamos vocabulário espiritual para falar com o Pai. E, pouco a pouco, a vontade d'Ele se torna também a nossa. Passamos a orar não como quem apresenta desejos distantes, mas como quem foi transformado no secreto, desejando o que o próprio Deus deseja.

Uma vida de oração, no entanto, não nasce de fórmulas, mas da constância. Paulo nos exorta: "*Orai sem cessar*" (1 Tessalonicenses 5.17 – ARA). Jesus, por sua vez, contou uma parábola "[...] *sobre o dever de orar sempre e nunca esmorecer*" (Lucas 18.1 – ARA). Isso significa cultivar um coração que busca a Deus diariamente, seja em comunhão com outros irmãos, seja no secreto — como Cristo mesmo nos ensinou: "*Tu, porém, quando orares, entra no teu quarto e, fechada a porta, orarás a teu Pai, que está em secreto; e teu Pai, que vê em secreto, te recompensará*" (Mateus 6.6 – ARA). Em todo tempo, a oração nos fortalece espiritualmente e nos protege contra as tentações. O próprio Jesus advertiu: "*Vigiai e orai, para que não entreis em tentação; o espírito, na verdade, está pronto, mas a carne é fraca*" (Mateus 26.41 – ARA).

Como modelo perfeito, o Senhor nos deixou a oração do pai--nosso,[3] que nos ensina a santificar o nome de Deus, submeter-nos

2 Cf. Tiago 4.3.

3 Cf. Mateus 6.9-13.

à Sua vontade, depender d'Ele para o sustento diário, perdoar como fomos perdoadas, clamar por livramento e declarar quem Ele é. Essa oração não é apenas para ser repetida, mas para ser vivida como um guia de princípios para toda a vida de oração.

Por isso ela é vital, indispensável, essencial. Ela é o respirar da alma, o fio que conecta a terra ao Céu, a prática que nos fortalece, nos transforma e nos aproxima do coração do Pai. Quanto mais oramos, mais nossa fé cresce e mais profunda se torna a nossa intimidade com Deus. A cada encontro secreto com Ele, somos tocadas e moldadas pelo Deus vivo — e isso muda tudo.

VAMOS ORAR JUNTAS?

Pai, obrigada pelo acesso que o Senhor nos dás, por meio da oração. Que possamos sempre usufruir do poder que flui desse momento tão especial, tão precioso... que possamos receber a perspectiva celestial e ser curadas de toda ansiedade conforme nos apresentamos a Ti. Em nome de Jesus, amém.

PASSOS PRÁTICOS

Defina um alarme no celular para orar rapidamente três vezes ao longo do dia (ex.: manhã, tarde e noite). Pode ser tão simples quanto dizer: "Senhor, estou aqui. Eu preciso de Ti". Essa prática vai lembrá-la de que a oração não é só um momento específico, mas uma presença constante em sua rotina.

dia
04

O JEJUM

"Porventura, não é este o jejum que escolhi: que soltes as ligaduras da impiedade, desfaças as ataduras da servidão, deixes livres os oprimidos e despedaces todo jugo? Porventura, não é também que repartas o teu pão com o faminto, e recolhas em casa os pobres desabrigados, e, se vires o nu, o cubras, e não te escondas do teu semelhante? Então, romperá a tua luz como a alva, a tua cura brotará sem detença, a tua justiça irá adiante de ti, e a glória do Senhor será a tua retaguarda; então, clamarás, e o Senhor te responderá; gritarás por socorro, e ele dirá: Eis-me aqui [...]." (Isaías 58.6-9 – ARA)

O jejum é muito mais do que a simples prática de abster-se de alimentos por um tempo determinado. Ele é um convite a uma experiência espiritual mais profunda, em que enfraquecemos a carne para fortalecer o espírito. Trata-se de um ato de consagração pessoal em que aprendemos a depender de Deus em oração, arrependimento e humilhação diante da Sua presença. Ficar sem comer apenas caracteriza uma dieta; mas o jejum bíblico é diferente, pois vai além do corpo: toca a essência do coração, moldando a alma e alinhando-nos ao propósito divino.

A Bíblia apresenta diversos exemplos de homens e mulheres de Deus que jejuaram em momentos decisivos: Moisés, no Sinai, passou quarenta dias sem comer nem beber;[1] Ester, diante da ameaça de extermínio contra seu povo, convocou um jejum coletivo;[2] Davi, em sua dor, humilhou-se com jejum;[3] e o nosso maior exemplo, Jesus.[4] O Senhor iniciou Seu ministério público sendo conduzido ao deserto pelo Espírito Santo, onde jejuou quarenta dias e quarenta noites. Ao término, enfrentou a tentação do Inimigo e venceu, saindo dali fortalecido e revestido do poder do Alto.

Esses exemplos nos mostram que o jejum não é um fim em si, mas um meio de nos aproximarmos de Deus e vermos Sua intervenção. Ele nos ensina a negar o "eu", a quebrar nosso orgulho e a colocar nossa confiança inteiramente n'Ele. A carne é silenciada, e o espírito se torna mais sensível à voz do Senhor. É como o esmagar da azeitona, de onde se extrai o óleo precioso: no quebrantamento, Deus derrama sobre nós mais unção e autoridade espiritual.

No entanto, o verdadeiro jejum não pode ser reduzido a uma prática religiosa externa. O texto de Isaías 58 nos adverte contra jejuns que se limitam a rituais vazios, sem transformação interior. Portanto, o jejum que agrada ao Senhor é aquele que rompe cadeias, liberta os oprimidos, alimenta o faminto e cobre o nu. É uma prática que une devoção pessoal e impacto coletivo, resultando em frutos visíveis de justiça e compaixão.

Na prática, o jejum sempre envolve abster-se de comida, seja de forma total, seja parcial. Pode ser realizado individualmente, em

---

1 Cf. Êxodo 34.28.

2 Cf. Ester 4.16.

3 Cf. Salmos 35.13.

4 Cf. Mateus 4.1-2.

momentos de consagração pessoal, e, conforme Jesus nos instrui,[5] deve ser feito em secreto, como um ato íntimo entre um filho e o Pai, e não como um espetáculo para impressionar pessoas. Ele nos lembra de que o Pai, que vê no oculto, recompensa de maneira pública aqueles que buscam Sua face com sinceridade.

Mas também pode ser coletivo, quando o Corpo de Cristo se reúne em uma só voz. A Igreja Primitiva compreendeu esse princípio e viveu intensamente essa prática. Em Atos 13, lemos que os discípulos jejuavam e oravam para discernir a vontade de Deus antes de enviar missionários, por exemplo. Isso mostra que o jejum não é apenas uma disciplina pessoal, mas também comunitária, capaz de alinhar corações e decisões à perfeita vontade do Senhor. Quando a Igreja se une em jejum e oração, portas se abrem, direções são dadas e o Reino avança.

Portanto, o importante não é a forma em si, mas a motivação do coração: humilhar-se diante de Deus, buscar Sua presença e depender unicamente d'Ele. Além disso, durante o jejum, a oração, a leitura da Palavra e a adoração são essenciais, pois a prática de jejuar sem devoção se torna apenas uma privação física. O arrependimento sincero também faz parte dessa experiência, levando-nos a mudanças reais de vida, a um caminho de santidade e renovação espiritual.

Os efeitos do jejum são profundos: nos tornamos mais sensíveis ao Espírito Santo, nossa vida de oração é fortalecida e nossa carne perde espaço para que o espírito se erga. Correntes que aprisionavam são quebradas, tentações se tornam mais facilmente vencidas e a mente se volta para as coisas do Alto. Assim como o corpo passa por uma limpeza natural durante esse processo, a alma também é

5 Cf. Mateus 6.

purificada, sendo preparada para uma vida mais santa e cheia da presença de Deus.

Em resumo, o jejum é um ato espiritual de humilhação e consagração que nos aproxima do Senhor e nos fortalece para viver o cristianismo com fidelidade. Ele não é um ritual vazio, mas uma expressão sincera de dependência e entrega. É no secreto do jejum que experimentamos a voz de Deus de maneira mais clara, recebemos autoridade espiritual e somos capacitadas, por Seu poder, a vencer a carne e o mundo. Que cada jejum que praticarmos seja um convite a uma intimidade mais profunda com o Pai, resultando em transformação pessoal e em frutos visíveis de um coração que deseja viver para a glória de Deus.

VAMOS ORAR JUNTAS?

Senhor, ensina-nos a jejuar. Que possamos receber o Teu coração, o Teu encargo, pela Tua causa; que possamos ser transformadas na disciplina do jejum. Que a nossa carne enfraqueça e que nosso espírito seja fortalecido em Ti, para que possamos cumprir o nosso propósito na terra. Em nome de Jesus, amém.

PASSOS PRÁTICOS

Substitua uma refeição por tempo de oração. Quando sentir fome, volte seu coração para Deus e lembre-se de que a verdadeira saciedade vem d'Ele. Medite em Sua Palavra, agradeça pelas bênçãos do dia e entregue suas necessidades, permitindo que seu corpo e sua alma se conectem com a presença de Cristo.

dia
05

A VIDA DE ADORAÇÃO

"Mas vem a hora e já chegou, em que os verdadeiros adoradores adorarão o Pai em espírito e em verdade; porque são estes que o Pai procura para seus adoradores. Deus é espírito; e importa que os seus adoradores o adorem em espírito e em verdade."
(João 4.23-24 – ARA)

Antes de falarmos sobre como viver uma vida de adoração, precisamos compreender o que a Bíblia realmente ensina acerca disso. Adorar, à luz das Escrituras, é reconhecer quem Deus é, render-se diante d'Ele e viver inteiramente para a Sua glória. É contemplar a Sua face e responder em entrega ao Seu amor. Jesus afirmou que "[...] *os verdadeiros adoradores adorarão o Pai em espírito e em verdade* [...]" (João 4.23-24). Isso significa que não basta emoção: é necessário que nossa vida esteja alicerçada na Verdade e que o nosso espírito se posicione como adorador diante do Criador.

Adorar não se limita ao culto público ou ao momento de cânticos; adoração é uma vida inteira voltada para Deus, uma existência que se torna culto permanente. Paulo nos exorta em Romanos 12.1 a apresentarmos nossos corpos como sacrifício vivo, santo e agradável a Deus — este é o nosso culto racional. Viver em adoração é oferecer-se diariamente ao Senhor, escolhendo, em cada decisão e atitude, submeter-se ao senhorio de Cristo e à condução do Espírito Santo.

Quando adoramos, largamos tudo o que carregamos em nossas mãos e nos rendemos completamente. Por isso, em momentos de adoração, é comum nos ajoelharmos, levantarmos as mãos ou nos prostrarmos. São expressões físicas que refletem o que está acontecendo dentro de nós: o coração curvado diante do Rei. A adoração também molda quem somos, porque nos tornamos semelhantes Àquele que contemplamos. À medida que olhamos para Deus e nos expomos à Sua presença, somos transformadas para refletir mais o caráter de Cristo.

A adoração também gera frutos concretos em nossa vida: ela nos transforma, traz liberdade, a paz que excede todo entendimento e a alegria no Espírito Santo. Vemos isso em Atos 16, quando Paulo e Silas, mesmo na prisão, oravam e cantavam a Deus — e os grilhões se quebraram. No Antigo Testamento, os levitas iam à frente dos exércitos entoando louvores, e a vitória vinha pela manifestação da presença de Deus.[1] A adoração também é, portanto, uma poderosa ferramenta de guerra espiritual. Quando adoramos, experimentamos de modo mais tangível a presença do Senhor, e diante d'Ele há abundância de alegria e delícias para sempre.[2]

Por isso, é importante compreendermos que a vida de adoração não se limita ao ambiente eclesiástico. Toda a nossa existência pode ser santa diante de Deus. O que santifica e valida nosso trabalho não

---

1 Cf. 2 Crônicas 20.21-22.

2 Cf. Salmos 16.11.

é a atividade em si, mas o coração com que a realizamos. Conforme Paulo declara: "[...] *quer comais, quer bebais, ou façais qualquer outra coisa, fazei tudo para glória de Deus*" (1 Coríntios 10.31 – ACF). Assim, cozinhar, estudar, trabalhar ou servir ao próximo — tudo pode se tornar adoração quando feito com amor, gratidão e para a glória do Senhor.

Para crescer como adoradoras, precisamos buscar intimidade constante com Deus. Isso envolve oração, leitura da Palavra, consagração e comunhão com o Corpo de Cristo. Tiago nos lembra: "*Chegai-vos a Deus, e ele se chegará a vós* [...]" (Tiago 4.8 – ACF); nesse processo, nosso coração é purificado, nossas mãos são limpas e aprendemos a viver em santidade. A coisa mais importante para um cristão é habitar na presença do Senhor, como expressou sublimemente o salmista: "*Uma coisa pedi ao Senhor e a buscarei: que eu possa morar na casa do Senhor todos os dias da minha vida, para contemplar a formosura do Senhor e aprender no seu templo*" (Salmos 27.4 – ARC).

As marcas de uma verdadeira adoradora são claras: um coração sincero, pronto a obedecer, humilde, cheio de gratidão e amor. O fruto do Espírito é expresso em sua vida, e o caráter de Cristo é cada vez mais evidente. A adoradora carrega uma alegria que não depende das circunstâncias, mas que nasce da comunhão com o Espírito Santo. Ela entende que a adoração é sempre resposta à revelação de quem Deus é. Foi assim com Isaías, que, ao ver a glória do Senhor, caiu em temor e rendição,[3] e com João, que, ao ter a

3 Cf. Isaías 6.

visão do trono, viu toda a criação adorando o Cordeiro.[4] O mesmo acontece conosco: quando reconhecemos a majestade e santidade de Deus, respondemos com uma adoração genuína.

Portanto, uma vida de adoração é muito mais do que cantar canções em cultos. É um chamado para que toda a nossa existência seja um altar diante de Deus. É escolher, dia após dia, honrar o Senhor em cada palavra, decisão e gesto. A adoradora é aquela que contempla a Deus, se rende a Ele e se torna semelhante a Ele. E esta é a maior alegria e o maior privilégio de nossas vidas: viver inteiramente para a glória do nosso Senhor.

VAMOS ORAR JUNTAS?

Senhor, traz-me a revelação do que significa viver uma vida de adoração a Ti, em todas as áreas e em todos os aspectos. Que eu possa Te exaltar e Te glorificar em tudo o que faço. Ensina-me a Te adorar em espírito e em verdade. Em nome de Jesus, amém.

PASSOS PRÁTICOS

Escolha uma tarefa do dia a dia — lavar a louça, arrumar a cama, estudar ou qualquer outra — e, antes de começar, declare: "Senhor, faço isso para a Tua glória". Dessa forma, o cotidiano se transforma em honra ao Senhor em tudo o que você faz.

4 Cf. Apocalipse 5.

dia
06

UM CORAÇÃO INSACIÁVEL PELA PRESENÇA

"Ó Deus, tu és o meu Deus forte; eu te busco ansiosamente; a minha alma tem sede de ti; meu corpo te almeja, como terra árida, exausta, sem água. Assim, eu te contemplo no santuário, para ver a tua força e a tua glória. Porque a tua graça é melhor do que a vida; os meus lábios te louvam. Assim, cumpre-me bendizer-te enquanto eu viver; em teu nome, levanto as mãos." (Salmos 63.1-4 – ARA)

A verdadeira amiga de Deus não fala de um Deus distante, mas caminha em intimidade com o Deus vivo, presente e real. Esta é a essência da fé real: não se trata de religiosidade ou de uma lista de tarefas espirituais, mas de um relacionamento profundo com o Criador; um relacionamento no qual conhecemos os Seus caminhos e o Seu coração.

Moisés compreendia isso muito bem. Ele não queria simplesmente cumprir sua missão ou receber bênçãos. Seu clamor era muito mais profundo: "[...] *Se a tua presença não vai comigo, não nos faças subir daqui*" (Êxodo 33.15 – ARA). Ele ansiava pelos caminhos do Senhor e reconhecia que não havia valor algum em avançar se

Deus não estivesse presente. A intimidade verdadeira nos traz esta consciência: a Presença de Deus é mais preciosa do que qualquer bênção ou oportunidade.

Enoque também é um exemplo marcante. A Bíblia relata que ele "[...] *andou com Deus; e já não foi encontrado, pois Deus o havia arrebatado*" (Gênesis 5.24 – NVI), revelando uma proximidade com o Senhor tão intensa, tão real, que a Eternidade o recebeu de forma inesperada. Que privilégio é andar de tal maneira com Deus, a ponto de cada dia se tornar um caminhar constante em Sua companhia!

Foi esse princípio que Jesus nos ensinou em João 15.4, quando disse: "*Permaneçam em mim, e eu permanecerei em vocês* [...]". Intimidade não é apenas visitar a presença de Deus de vez em quando, mas habitar nela todos os dias. É uma vida de permanência, fruto da consagração, da oração e da prática das disciplinas espirituais. É nesse lugar que passamos a conhecer os traços, o jeito e o coração do nosso Deus.

Como o profeta Jeremias declarou: "*Vocês me procurarão e me acharão quando me procurarem de todo o coração*" (Jeremias 29.13). O Senhor deseja ser buscado, e, quando O buscamos intensamente, Ele Se revela. O salmista também expressou essa sede: "*Ó Deus, tu és o meu Deus, eu te busco intensamente; a minha alma tem sede de ti! Todo o meu ser anseia por ti, numa terra seca, exausta e sem água*" (Salmos 63.1 – NVI). Esse é o anseio genuíno pela Presença que precisa queimar em nós.

Paulo foi ainda mais profundo: "[...] *considero tudo como perda, comparado com a suprema grandeza do conhecimento de Cristo Jesus, meu Senhor* [...]. *Quero conhecer Cristo, o poder da sua ressurreição e a participação em seus sofrimentos* [...]" (Filipenses 3.8, 10 – NVI). Para o apóstolo, tudo o mais se tornava lixo diante do valor supremo de conhecer Jesus. Essa é a medida da intimidade: quando tudo perde o brilho e somente Ele Se torna o centro. Nós fomos criadas para esse relacionamento íntimo com o Pai, portanto nenhuma conquista, nenhum sucesso e nenhum prazer terreno podem preencher a nossa alma como Ele.

A intimidade gera uma vida abundante e frutífera; transforma nosso caráter para refletir Cristo; nos dá discernimento espiritual e nos torna mais parecidas com Ele. É por isso que precisamos cultivar uma fome constante, uma insatisfação santa que nos move a buscar sempre mais.

Mas como manter esse fogo aceso? Primeiramente, reconhecendo nossa total dependência de Deus em todas as coisas. Precisamos buscá-lO diariamente, alimentando o coração com Sua Palavra e mantendo um espírito sensível por meio de um caminhar comprometido com a santidade. Devemos também nos cercar de pessoas famintas por Deus, que nos inspirem e nos desafiem a ir mais fundo. E, acima de tudo, devemos pedir ao Espírito Santo que gere essa fome em nós, porque até mesmo o desejo por Deus é um presente d'Ele.[1]

Quando vivemos assim, mergulhadas na Presença, experimentamos um crescimento intenso e contínuo. Crescemos no conhecimento de Deus, na maturidade espiritual e até emocional. Nosso amor se alinha ao d'Ele — passamos a amar o que Ele ama,

1 Cf. Filipenses 2.13.

especialmente a Sua igreja, o Seu Corpo. E a nossa vida se torna um testemunho vivo da obra e da Presença de Deus.

Ser insaciável pela Presença é viver com sede e fome constantes d'Ele, conscientes de que sempre há mais do Seu amor, mais da Sua glória e mais da Sua Graça para experimentar. É escolher desejar o próprio Deus acima de tudo, ansiando conhecê-lO mais a cada dia, até que nossas vidas sejam completamente consumidas por esse relacionamento eterno.

VAMOS ORAR JUNTAS?

Pai, aumenta a minha fome por mais de Ti. Que a minha alma anseie por Ti. Que todo o meu corpo anseie a Tua atuação e que nada mais neste mundo satisfaça a minha fome, a não ser o Senhor. Em nome de Jesus, amém.

PASSOS PRÁTICOS

Separe 10 minutos extras hoje para buscar a presença de Deus além do seu tempo devocional habitual. Não peça nada; simplesmente adore, contemple e diga: "Eu tenho fome de Ti, Senhor".

dia
07

A IGREJA

"Mas, seguindo a verdade em amor, cresçamos em tudo naquele que é a cabeça, Cristo, de quem todo o corpo, bem ajustado e consolidado pelo auxílio de toda junta, segundo a justa cooperação de cada parte, efetua o seu próprio aumento para a edificação de si mesmo em amor."

(Efésios 4.15-16 – ARA)

A Igreja é um dos maiores mistérios e também um dos maiores presentes de Deus para nós. Na Bíblia, a palavra traduzida como "igreja" vem do grego *ekklesia*, que significa "os chamados para fora". Ou seja, a Igreja é a comunidade formada por todos aqueles que foram chamados por Deus e redimidos em Cristo Jesus para exercer sua função no mundo que Ele tanto amou. Ela existe em duas dimensões: a Igreja universal, composta por todos os salvos de todas as eras e lugares, e a igreja local, expressão visível dessa grande família espiritual em cada comunidade.

A Igreja é o povo de Deus,[1] a noiva de Cristo,[2] o templo do Espírito Santo[3] e o Corpo de Cristo.[4] Paulo, em 1 Coríntios 12 e

1 Cf. 1 Pedro 2.9-10; Efésios 2.19.

2 Cf. Efésios 5.25-27; 2 Coríntios 11.2; Apocalipse 19.7.

3 Cf. 1 Coríntios 3.16; Efésios 2.21-22; 1 Pedro 2.5.

4 Cf. 1 Coríntios 12.27; Romanos 12.4-5; Efésios 4.15-16.

Efésios 4, utiliza a metáfora do corpo humano para explicar a essência da Igreja: unidade na diversidade. Não fomos chamados para a uniformidade, mas para viver em comunhão, cada um exercendo a função que recebeu do Senhor, em dependência mútua e sob a direção da Cabeça, que é Cristo. Ele é a fonte da vida, Aquele que nos comprou com o Seu sangue e a quem servimos.

Um corpo só cresce de forma saudável quando cada membro cumpre o seu papel, e assim também acontece na Igreja: precisamos de comunhão, de amor mútuo e de serviço uns pelos outros. O próprio Jesus, em Sua oração sacerdotal,[5] pediu ao Pai que fôssemos um, assim como Ele e o Pai são um, para que o mundo creia que Jesus é o enviado do Pai. A unidade da Igreja é, portanto, testemunho vivo do Evangelho.

Embora o Espírito Santo habite em cada cristão individualmente, somos chamados a viver juntos: "[...] *vós sois corpo de Cristo* [...]" (1 Coríntios 12.27 – ARA). Não somos igreja sozinhos, mas juntos; um corpo não existe com apenas um membro; da mesma forma um cristão isolado não vive a plenitude da fé. Na Igreja, o ferro afia o ferro;[6] aprendemos a amar de maneira madura, a perdoar e a superar diferenças. A vida espiritual está no sangue de Cristo, e esse sangue flui através do corpo espiritual. Um membro desconectado adoece e morre; assim também o crente que se afasta da comunhão perde vitalidade espiritual.

---

5 Cf. João 17.

6 Cf. Provérbios 27.17.

Por isso, Hebreus 10 nos exorta a não negligenciarmos a assembleia dos santos. Na igreja local, experimentamos ensino, adoração coletiva, os sacramentos, cuidado pastoral, disciplina, exortação, consolo e edificação mútua. É também a base para a evangelização e o discipulado verdadeiro. Discipulado não é apenas uma reunião semanal, mas uma vida compartilhada, acompanhada por irmãos mais maduros, dentro da comunidade de fé.

Estar na Igreja é essencial para nosso crescimento espiritual e até mesmo emocional. É um lugar de prestação de contas, de proteção, de perseverança e também onde servimos com os "3 Ts": tempo, tesouro e talento. Entregamos a Deus nosso tempo em dedicação, nosso tesouro em fidelidade e generosidade (dízimos e ofertas) e nossos talentos em serviço ao Senhor e ao próximo. Portanto, a Igreja não é um espaço de consumo, mas de entrega e de edificação mútua.

Além de sua importância individual, a Igreja tem um papel vital na sociedade. Jesus nos chama de sal da terra e luz do mundo.[7] A Igreja é testemunho da Graça de Deus, agente de transformação social, lugar de compaixão e justiça. Ela cuida do órfão, da viúva, do estrangeiro, do necessitado. Embora não seja perfeita, é sinal do Reino de Deus neste mundo. Sua unidade autentifica a sua mensagem: o mundo verá que o Pai enviou o Filho quando formos um.

No plano da redenção, a Igreja é a comunidade resgatada pelo sangue de Cristo[8], a noiva que aguarda o Noivo para as Bodas do Cordeiro.[9] Até a Segunda Vinda de Cristo, ela é instrumento de

7 Cf. Mateus 5.

8 Cf. Efésios 5.25-27.

9 Cf. Apocalipse 19.7.

Deus para proclamar o Evangelho.[10] Naquele dia, será plenamente glorificada e unida ao Senhor.

Diante disso, como amar, servir e viver a Igreja? Amar a Igreja é reconhecer que ela é amada por Cristo. Não podemos dizer que amamos a Cabeça e desprezamos o Corpo. Apesar de suas falhas, somos chamados a orar pela Igreja, a nos comprometermos com ela e a servir com os dons que recebemos de Deus. Servir significa praticar o amor de forma concreta, envolver-se em relacionamentos genuínos e participar da missão. Crescer em comunhão com o Corpo é estar presente nos cultos, participar das reuniões, envolver-se em pequenos grupos, servir uns aos outros, praticar o perdão, a hospitalidade e os muitos "uns aos outros" que as Escrituras nos ensinam: amar, exortar, carregar fardos, orar, consolar.

A vida cristã plena só pode ser vivida em comunidade. Então, a Igreja não é um acessório na vida do crente, mas o lugar onde Deus escolheu habitar e agir. Quem ama a Cristo ama a Sua Igreja. Quem segue a Cristo segue junto com o Seu povo. Que possamos, portanto, viver a Igreja no dia a dia, para a glória de Deus, para o fortalecimento do Corpo e para que o mundo saiba que Jesus é o Senhor.

10 Cf. Mateus 24.14.

VAMOS ORAR JUNTAS?

Senhor Deus, obrigada porque o Senhor nos deste a oportunidade de fazermos parte de um corpo. Ensina-nos a amarmos uns aos outros com o Teu amor e nos dá Graça para vivermos em unidade, para que possamos ser testemunho vivo de que Tu enviaste o Teu Filho para salvar todo aquele que n'Ele crer. Em nome de Jesus, amém.

PASSOS PRÁTICOS

Se você ainda não serve em sua igreja local, tome um passo de fé hoje e busque uma área para servir, ou até mesmo sirva em mais de uma área. Caso já esteja servindo, envie uma mensagem de encorajamento ou faça uma oração específica por alguém da sua comunidade de fé.

A ALMA

"Ó Deus, tu és o meu Deus forte; eu te busco ansiosamente; a minha alma tem sede de ti; meu corpo te almeja, como terra árida, exausta e sem água." (Salmos 63.1)

A alma é o centro da vida interior do Homem. É nela que residem nossas emoções, nossos pensamentos, nossa vontade e nossa consciência. Podemos dizer que a alma é a sede da personalidade, aquilo que nos torna únicas, nossa individualidade diante de Deus e diante do mundo. Quando sentimos alegria ou tristeza, quando pensamos, tomamos decisões ou nos percebemos como pessoas, tudo isso acontece na alma.

As Escrituras nos revelam, desde o princípio, que a alma é parte essencial da vida. Em Gênesis 2.7, lemos que Deus formou o homem do pó da terra, soprou em suas narinas o fôlego da vida, e ele se tornou uma alma vivente. A vida plena do ser humano não está apenas no corpo físico ou no espírito, mas nesse encontro que gera a alma. O próprio Deus sente, ama,[1] Se alegra[2] e Se entristece.[3]

1 Cf. João 3.16; Romanos 5.8.

2 Cf. Isaías 62.5; Salmos 149.4.

3 Cf. Êxodo 32.10; Jeremias 4.19.

Isso nos ensina que a alma não é um problema em si mesma; ao contrário, é criação de Deus e expressão da Sua imagem em nós.

O problema é que ela foi profundamente marcada pelo pecado. Desde a Queda, nossas emoções, pensamentos e vontades carregam as consequências do pecado original. Não é difícil perceber isso: muitas vezes, o que pensamos não está alinhado com a verdade de Deus, o que sentimos nem sempre reflete o Seu amor, e nossa vontade tende a buscar os próprios caminhos. Assim, a alma, que deveria ser um reflexo puro do Criador, tornou-se um campo de batalha, carente da obra redentora de Cristo.

Por isso, a salvação em Cristo não é apenas uma experiência espiritual pontual. Quando nascemos de novo, fomos salvas em nosso espírito: recebemos a vida de Deus e uma nova natureza. No entanto, a nossa alma ainda carrega marcas da antiga natureza herdada de nossos pais terrenos. Por isso, o processo da santificação, esse "viver Cristo" em nossa alma, é tão importante. É o Espírito Santo operando para que nossos pensamentos, emoções e vontades sejam transformados e rendidos a Deus.

Esse processo é contínuo e se estende por toda a nossa caminhada aqui na terra. Não acontece de um dia para o outro, mas passo a passo, à medida que nos submetemos à Palavra e à obra do Espírito Santo. A alma precisa ser trabalhada, purificada e alinhada, para que o que já é realidade em nosso espírito se torne também realidade em nossa vida interior e prática.

Neste bloco, vamos refletir sobre esse trabalhar do Senhor; veremos como Ele trata nossas áreas mais profundas, como nos ensina a lidar com nossos sentimentos, como renova nossos pensamentos e como ensina nossa vontade a se submeter à d'Ele. A alma não deve ser ignorada nem desprezada, mas entregue ao processo de Deus; afinal, viver como filhas de Deus significa permitir que o Espírito Santo nos santifique por completo, para que nossa vida inteira seja expressão da nova natureza que recebemos em Cristo. O crente que permite a obra do Espírito em sua alma encontra liberdade para viver segundo a vontade de Deus e se torna um canal por onde a vida de Cristo se manifesta neste mundo.

dia
08

HABITAÇÃO DO ESPÍRITO SANTO E TRANSFORMAÇÃO DA ALMA

"Como o vaso que o oleiro fazia de barro se lhe estragou na mão, tornou a fazer dele outro vaso, segundo bem lhe pareceu." (Jeremias 18.4 – ARA)

Como já vimos, nós somos habitação do Espírito Santo. Essa é uma verdade gloriosa e, ao mesmo tempo, profundamente prática. Ser Sua habitação significa que Ele impactará todas as áreas da nossa vida. Ou seja, não é apenas porque Ele mora em nosso espírito humano que deve afetar apenas o espírito. Muito pelo contrário: quando somos morada de Deus, o Espírito de Deus impacta todo o nosso ser.

Somos seres tripartidos — espírito, alma e corpo —, mas não podemos fragmentar nossa existência. Não é possível separar uma dessas partes e continuar sendo quem somos. Se pertencemos inteiramente a Deus, como a Palavra declara, pois fomos compradas por alto preço,[1]

---

1 Cf. 1 Coríntios 6.20.

e já não somos mais de nós mesmas, então devemos submeter todas as áreas — espírito, alma e corpo — à atuação do Deus vivo.

É importante distinguirmos identidade de personalidade. Desde o momento em que recebemos o Espírito Santo, fomos feitas filhas de Deus. E, uma vez que nascemos de novo, o Espírito Santo traz a convicção da nossa identidade inabalável de filhas amadas do Pai.[2]

Mas, depois dessa adoção,[3] dá-se início à obra de santificação do Espírito de Deus em nossa alma, nos transformando de dentro para fora, moldando a nossa maneira de pensar, sentir e agir de acordo com a semelhança de Cristo. Ou seja, a nossa identidade de filha não se altera, mas nossa personalidade passa a ser trabalhada pelo Espírito Santo. Esta é a obra do Espírito na alma: purificar, lavar, moldar e transformar o nosso interior para que sejamos cada vez mais conformes à imagem de Cristo.

Ele vem para nos convencer da justiça, do pecado e do juízo;[4] convence-nos dos maus caminhos, das falhas, dos erros e das iniquidades que carregamos. É essencial, portanto, termos a revelação de que personalidade não é desculpa para o pecado. Não podemos chamar de "traço de personalidade" aquilo que, na verdade, é fruto do pecado.

O primeiro passo para cura e transformação é reconhecer o que é pecado. Somente veremos mudança quando estivermos dispostas a confrontar nossas iniquidades, nos submetendo aos processos de

---

2 Cf. Romanos 8.15-16.

3 Cf. Romanos 8.15.

4 Cf. João 16.8.

Deus e experimentando o lavar purificador, o perdão restaurador e a transformação sustentável que somente o Espírito Santo pode operar. Ele nos santifica para que estejamos cada vez mais à imagem e semelhança do Senhor.

A transformação operada pelo Espírito gera frutos visíveis. O fruto do Espírito[5] nasce em nosso espírito, mas se manifesta através da nossa alma. Então, nossos pensamentos, vontades, emoções e ações passam a ser impactados pelo toque sobrenatural do Espírito Santo. O que antes era apenas humano é elevado pela Graça. O Espírito age de forma suave, progressiva, mas também confrontadora: como fogo que purifica e como vento que impulsiona.

Contudo, o Espírito não força a vontade humana; ao contrário, é um cavalheiro, que respeita nosso livre-arbítrio. Tudo o que Ele deseja fazer precisa, primeiramente, da aprovação da nossa alma. Por isso, é essencial submeter nossa alma a Deus, para que ela se abra ao que é espiritual e permita que a obra divina aconteça. Caso contrário, ela será um empecilho para o agir de Deus em nós.

O Espírito Santo também ilumina os olhos do nosso entendimento, nos dando discernimento, entendimento da Palavra e percepção da vontade de Deus; gera em nós o desejo de amar, servir e obedecer ao Senhor; corrige-nos, direciona-nos e nos fortalece para cumprir aquilo que o Pai deseja. Ao mesmo tempo, não anula nossa personalidade, mas a purifica, lapida e potencializa. As virtudes já existentes em nós, Ele fortalece. As fragilidades e pecados, Ele confronta, purifica e transforma. E os dons naturais que já possuímos, Ele potencializa para o serviço do Reino de Deus.

5 Cf. Gálatas 5.22-23.

Dessa forma, nosso temperamento e nossas características se tornam canais da Graça divina. Até mesmo nossas fraquezas, quando entregues a Ele, se tornam espaço para que o poder de Deus se manifeste. Como Paulo disse: "[...] *quando sou fraco, então é que sou forte*" (2 Coríntios 12.10). Não podemos nos conformar com a realidade em que nossa alma se encontra hoje, mas buscar continuamente a renovação pelo Espírito de Deus.[6] É assim que crescemos n'Ele e com Ele, sendo formadas e transformadas, para, por meio da obra da Cruz e do Santo Espírito, refletirmos a imagem de Cristo.

VAMOS ORAR JUNTAS?

Pai, obrigada, pois, quando o Teu Espírito faz morada em mim, Ele alcança todo o meu ser. Então eu peço ao Senhor que venhas santificar a minha alma, para que eu possa cada vez mais refletir a imagem de Jesus. Em nome de Jesus, amém.

PASSOS PRÁTICOS

Escreva uma área da sua vida emocional que precisa ser transformada e ore entregando-a ao Espírito Santo. Ao final dos 21 dias, volte aonde escreveu e veja como o Senhor trabalhou nisso nesse tempo.

6 Cf. Romanos 12.2.

dia 09

DO CAMINHO DA RENOVAÇÃO DA MENTE

"E não vos conformeis com este século, mas transformai-vos pela renovação da vossa mente, para que experimenteis qual seja a boa, agradável e perfeita vontade de Deus." (Romanos 12.2 – ARA)

A Palavra nos ensina: assim como o Homem pensa em sua alma, assim ele é (cf. Provérbios 23.7). Precisamos, portanto, renovar a nossa mente para nos tornarmos quem Deus declara que somos. Não basta apenas crer intelectualmente; é necessário viver essa verdade na prática diariamente, apropriando-se da revelação espiritual e aplicando-a à nossa alma. A diferença entre crer e viver está justamente na renovação da mente. E somente com a mente renovada poderemos experimentar a boa, agradável e perfeita vontade de Deus.

Esse processo é essencial para enraizar em nossa alma a revelação da identidade de filhas e derrubar fortalezas mentais que se levantam contra a verdade de Cristo. Muitas vezes, essas fortalezas foram construídas por mentiras que acreditamos durante anos e que moldaram nossos padrões de pensamento e comportamento. Por isso, a santificação da alma é indispensável: sem ela, não há verdadeira transformação da mente. Precisamos abandonar antigos padrões e abraçar a realidade da nova natureza em Cristo, vivendo a partir dela.

Um dos meios mais eficazes para a renovação da mente é a confissão da Palavra de Deus. Quando declaramos com nossos lábios as verdades bíblicas, uma mudança ocorre dentro de nós: novos caminhos são criados em nossa mente, substituindo padrões antigos de incredulidade. Entretanto, antes dessa confissão, precisamos identificar em quais mentiras temos crido e confrontá-las com a Verdade. Essas mentiras se tornaram fortalezas, mas, quando expostas à luz da Palavra, perdem sua força. Nesse momento, recebemos a Verdade celestial, que não é um conceito, mas uma pessoa: Jesus.

O enraizamento da identidade em Cristo não acontece de forma instantânea, mas é fruto de um processo contínuo com o Espírito Santo. A Bíblia nos exorta a nos revestirmos das coisas de Deus, e revestir-se implica um ato diário: vestir conscientemente a nova realidade conquistada na Cruz. À medida que meditamos na Palavra, declaramos Suas promessas em oração e cultivamos intimidade com o Pai, Ele cura nosso interior e estabelece Sua verdade em nós. Nesse processo, rompemos com mentiras antigas e firmamos aliança com a Verdade de Deus.

A renovação da mente também é fortalecida no contexto da comunidade. A vida em igreja e o apoio dos irmãos são fundamentais para o amadurecimento da fé. Assim como precisamos de disciplina individual, precisamos também de encorajamento coletivo. Além disso, cultivar um coração grato é essencial: a gratidão nos mantém conscientes da obra já realizada por Deus e nos enche de esperança pelo que Ele ainda fará. Dessa forma, fortalecemos o Homem interior e não damos espaço ao velho Homem.

Renovar a mente também envolve identificar padrões antigos, romper alianças com eles e substituí-los pela verdade da Palavra. Isso exige disciplina: assim como o corpo precisa de exercícios físicos, a mente também precisa ser treinada. Devemos fixar nossos pensamentos nas coisas do Alto, como ensina Filipenses 4.8, permitindo que tudo o que é verdadeiro, justo e de boa fama ocupe o nosso interior. A obediência imediata ao Espírito Santo é outro fator crucial, pois cada passo de obediência abre novos caminhos e estabelece novos padrões mentais. Até mesmo adorar em meio às lutas se torna um exercício de renovação, pois posiciona nossa mente nas realidades celestiais.

Esse processo nos conduz a viver as verdades do Evangelho: somos livres da culpa, pois "[...] nenhuma condenação há para os que estão em Cristo Jesus" (Romanos 8.1 – ARA). O Diabo acusa, mas o Espírito Santo é quem convence e transforma.[1] Somos libertas do medo, pois não recebemos espírito de escravidão, mas de adoção, que nos dá ousadia. E, finalmente, somos livres para amar, pois o fruto do Espírito[2] se manifesta em nós. Essa transformação é gradual, progressiva e sustentável. Não se trata de autoajuda, mas de ajuda do Alto, do próprio Espírito de Deus.

Diariamente, ao nos expormos à Palavra, rejeitarmos as mentiras e abraçarmos a verdade, consolidamos novos hábitos e somos fortalecidas em nossa identidade em Cristo. Quando a mente é

1 Cf. João 16.8.

2 Cf. Gálatas 5.22-23.

renovada, a alma experimenta a liberdade para a qual Cristo nos libertou.[3] Assim, vivemos como novas criaturas,[4] desfrutando da vida abundante que Ele prometeu.[5]

VAMOS ORAR JUNTAS?

Senhor Deus, hoje eu quebro aliança com toda e qualquer mentira em que já acreditei e faço aliança com a Tua verdade sobre a minha vida. Renova a minha mente pelo poder da Tua Palavra e me faz viver segundo a Tua vontade perfeita. Em nome de Jesus, amém.

PASSOS PRÁTICOS

Escolha uma ou mais mentiras em que você tem acreditado sobre si mesma (por exemplo: "não sou amada", "não tenho valor", "não consigo mudar") e escreva ao lado a verdade da Palavra de Deus que a confronta (como Romanos 8.37: "*Em todas estas coisas, porém, somos mais que vencedores* [...]"). Durante a semana, declare em voz alta essa verdade diariamente até que ela se torne parte do seu modo de pensar.

---

3 Cf. Gálatas 5.1.

4 Cf. 2 Coríntios 5.17.

5 Cf. João 10.10.

dia
10

O PODER DO PERDÃO

"Antes, sede uns para com os outros benignos, compassivos, perdoando-vos uns aos outros, como também Deus, em Cristo, vos perdoou."
(Efésios 4.32 – ARA)

O perdão, segundo a Bíblia, é liberar uma dívida. Em Mateus 18, Jesus nos revela isso por meio da parábola do servo que devia uma grande quantia ao seu senhor. Pedro, ao ouvi-lO, perguntou quantas vezes, então, deveria perdoar seu irmão, e Ele lhe respondeu: "[...] *Não te digo que até sete, mas até setenta vezes sete*" (Mateus 18.22 – ARA). O Senhor estava nos ensinando que precisamos perdoar sempre, ilimitadamente, de forma abundante, como reflexo do perdão de Deus em nós. Ele não estava estabelecendo uma matemática do perdão, mas destruindo a matemática da justiça humana. No Reino de Deus, o perdão não se conta — se pratica continuamente.

É por isso que, na oração do pai-nosso, há o pedido: "*E perdoa-nos as nossas dívidas, assim como também nós perdoamos aos nossos devedores*" (Mateus 6.12). Não se trata de uma dívida financeira, mas de qualquer ofensa que nos coloque em posição de credoras. A oração só se torna verdadeira quando decidimos perdoar aqueles que falharam conosco, afinal, antes de apontarmos o cisco nos olhos de um irmão, devemos olhar primeiramente a trave que há em nossos.[1]

Jesus também nos alerta de que, ao levarmos uma oferta diante de Deus, se nos lembrarmos de que alguém tem algo contra nós, devemos deixar a oferta e, primeiro, buscar a reconciliação.[2] O perdão é prioridade no coração de Deus, pois é central ao Seu Evangelho. Na cruz, Jesus nos deu o maior exemplo. Enquanto era crucificado, Ele declarou: "[...] *Pai, perdoa-lhes, porque não sabem o que fazem*" (Lucas 23.34).

Perdoar não é esquecer nem justificar o erro, mas é entregar nas mãos de Deus para que Ele estabeleça a Sua justiça. Quando escolhemos liberar alguém, estamos dizendo: "Eu vou seguir em frente, mesmo que a justiça não aconteça da forma como eu esperava". Isso significa abdicar de fazer justiça com as próprias mãos e confiar que a verdadeira justiça vem de Deus.

Não andar em perdão é como beber veneno esperando que o outro morra. A falta de perdão é o que nos mata por dentro, aprisiona a nossa mente ao que passou, gera amargura que envenena a alma, endurece o coração, nos cega espiritualmente e contamina todas as áreas da vida. O perdão, por outro lado, liberta, nos soltando das correntes do passado e abrindo caminho para o novo de Deus.

Perdoar nos coloca em sintonia com Deus, como Jesus declarou: "*Porque, se perdoardes aos homens as suas ofensas, também vosso Pai celestial vos perdoará a vós; se, porém, não perdoardes aos homens*

1 Cf. Mateus 7; Lucas 6.

2 Cf. Mateus 5.23-24.

as suas ofensas, também vosso Pai vos não perdoará as vossas ofensas" (Mateus 6.14-15 – ACF). Fomos alvo do perdão divino. O castigo que nos traz a paz foi colocado sobre Cristo, e por Suas pisaduras fomos saradas.[3] O perdão de Deus chegou até nós por meio da Cruz, e agora Ele nos chama a viver esse mesmo perdão com os outros.

Quando não perdoamos, negamos na prática a obra de Cristo. Mas, quando perdoamos, experimentamos cura, paz e a liberdade para a qual fomos libertas. O perdão nos conduz à vida abundante que Jesus prometeu[4] e nos torna reflexo do caráter de Deus na terra. Afinal, fere aquele que é ferido — as ofensas que sofremos são fruto das feridas de quem nos fere. Por isso, ao perdoarmos, escolhemos não reter o mal recebido, mas deixá-lo diante de Deus, confiando que Ele é justo e fiel para cuidar de nós.

O perdão não é apenas um ato isolado, mas é um estilo de vida que nos conecta com Deus, nos conecta com o próximo e nos habilita a viver plenamente o amor, a Graça e a liberdade que Cristo conquistou para nós. Como está escrito, uma coisa devemos fazer: "[...] *esquecendo-me das coisas que para trás ficam e avançando para as que diante de mim estão, prossigo para o alvo, para o prêmio da soberana vocação de Deus em Cristo Jesus*" (Filipenses 3.13-14 – ARA).

---

3 Cf. Isaías 53.5.

4 Cf. João 10.10.

VAMOS ORAR JUNTAS?

Pai, dá-me um coração perdoador. Hoje eu libero perdão para todos que me fizeram mal e eu escolho viver a liberdade para a qual o Senhor me libertaste. Em nome de Jesus, eu oro. Amém.

PASSOS PRÁTICOS

Pense em pessoas que você precisa perdoar. Depois, declare em voz alta: "Pai, eu perdoo (nomes) pela dívida/ofensa (ex: abandono, insegurança) que essas pessoas causaram e recebo o sangue de Jesus como pagamento dessa dívida/ofensa. Eu perdoo e entrego a Ti". Enquanto pronuncia essas palavras, permita que o Espírito Santo toque seu coração, trazendo libertação e paz.

dia 11

AQUIETAR-SE PARA SABER

"Aquietai-vos e sabei que eu sou Deus; sou exaltado entre as nações, sou exaltado na terra."
(Salmos 46.10 – ARA)

Vivemos em um tempo em que o barulho se tornou parte da rotina. E não falo somente sobre o das ruas, das notificações ou das responsabilidades que se acumulam, mas também o barulho dentro de nós: a ansiedade das preocupações, as vozes internas que nos cobram mais desempenho, mais resultados, mais esforço humano. Embora isso tudo pareça perturbador, muitas vezes já estamos tão acostumadas com esse ruído que não percebemos o quanto ele rouba nossa paz e nos afasta da voz de Deus. E, para piorar, diversas vezes, ao tentar encontrar calma e descanso, acabamos acrescentando ainda mais ruído à alma, buscando distrações que frequentemente nos afastam dos princípios da Palavra de Deus.

É nesse contexto que o Senhor nos convida a nos aquietarmos para saber que Ele é Deus.[1] Esse não é apenas um convite ao silêncio externo, mas um chamado a baixarmos as mãos, soltarmos o controle

1 Cf. Salmos 46.10.

e pararmos de lutar com nossas próprias forças. Aquietar-se é mais do que descansar, é render-se. É renunciar à tentativa de viver pelo braço da carne e escolher depender do Espírito Santo.

Quando insistimos em caminhar pela nossa própria força, inevitavelmente colhemos ansiedade e exaustão. É como remar contra a maré sem perceber que há um vento divino pronto para nos conduzir. Mas, quando soltamos os remos, largamos o controle e aquietamos o barulho que ecoa dentro de nós, experimentamos algo sobrenatural: a paz que excede todo entendimento.[2]

A verdade é que Deus não deixou de falar; muitas vezes somos nós que, cercadas e anestesiadas pelo barulho, já não conseguimos mais discernir Sua voz. Deus nos ama com amor eterno, nos atrai a Ele[3] e tem ciúmes por nós,[4] por isso não competirá com o ruído da nossa vida para falar conosco. Ele nos chama para perto, pois intimidade custa proximidade — e não há como ouvir Sua voz sem criar espaço para ela.

A falta de atenção à voz de Deus nos leva a passar por tribulações sem perceber Sua presença. Isso nos abala, enfraquece nossa fé, nos leva a uma vida ansiosa, nos dá um coração exausto e nos coloca medo por não usufruirmos do poder da Presença do único capaz de nos conduzir e resgatar.

Jesus, mesmo cercado por multidões e demandas, sempre fazia questão de se retirar para ter solitude. Em Marcos 1.35 (NVI), lemos que "*De madrugada, quando ainda estava escuro,*

---

2 Cf. Filipenses 4.7.

3 Cf. Jeremias 31.3.

4 Cf. Tiago 4.5.

Jesus levantou-se, saiu de casa e foi para um lugar deserto, onde ficou orando". Depois de um dia cheio, operando curas e ensinando, Ele buscava tempo com o Pai, pois sabia que não seria capaz de cumprir Sua missão sem depender d'Ele. Se o próprio Filho de Deus escolheu o silêncio para ouvir e depender, como ousamos acreditar que conseguiremos viver pela força dos nossos próprios braços?

O cristianismo nunca foi sobre esperar parados, mas sobre caminhar guiados pela Sua voz, e essa voz só é discernida na quietude. Quando não ouvimos a voz de Deus, duvidamos de Sua natureza, de Sua Palavra, de Seu caráter e de Sua liderança. Mas a fé nos lembra de que Ele é o Guia fiel — Aquele que nos conduz às águas tranquilas, à libertação, à provisão, à expansão. O Espírito Santo é quem nos fortalece, nos orienta e nos conduz. Se vivermos na carne, colheremos medo; mas, se aquietarmos nossa alma, abriremos espaço para que a fé floresça.

A fé cria um ambiente onde Deus fala. Ela substitui a dúvida pela confiança e o barulho pela convicção de que Ele reina. Por isso, aquietar-se não é passividade, mas um ato ativo de confiança. Quando escolhemos aquietar, encontramos aquilo que o mundo não pode dar: a Rocha inabalável em meio a tempestades.[5] As nações podem se agitar, os reinos podem se abalar, mas, quando a voz do Senhor ecoa, toda a terra se derrete.[6] Tudo ao redor pode ser abalado, mas os que habitam n'Ele permanecem inabaláveis. É nesse lugar que experimentamos a paz que excede todo entendimento — uma paz que não depende de circunstâncias, mas da presença do Espírito.

5 Cf. Salmos 46.4-5.

6 Cf. Salmos 46.6.

Aquietar é, portanto, soltar, parar de lutar. Saber que Ele é Deus é conhecer intimamente. Quando nos aquietamos, paramos de agir na carne e passamos a provar e ver que o Senhor é bom.[7] É nesse lugar que descobrimos que não se trata de fazer coisas para Ele, mas de caminhar com Ele.

Hoje, Deus nos convida a baixar as mãos, largar o controle e aquietar os barulhos que nos distraem. É nesse lugar de entrega que passamos a viver não pela força humana, mas pela força espiritual. É nesse lugar de rendição que experimentamos intimidade com o Pai e a paz que só o Espírito pode conceder.

Aquietai-vos e sabei: Ele é Deus. Isso basta.

---

7 Cf. Salmos 34.8

VAMOS ORAR JUNTAS?

Pai, hoje eu reconheço todo barulho que deixei entrar em minha vida e tomar o Teu lugar e eu peço perdão por esse pecado. Também peço perdão pelo pecado de tentar controlar todas as coisas com a minha própria força. Hoje eu me rendo ao Teu governo. Ensina-me a descansar na Tua presença e ouvir a Tua voz. Em nome de Jesus, amém.

PASSOS PRÁTICOS

Separe hoje 15 minutos para ficar em silêncio absoluto diante de Deus. Desligue o celular, encontre um lugar tranquilo, respire fundo e simplesmente esteja com Ele. Não peça nada nesse tempo — apenas se renda, fique quieta e perceba a presença do Espírito Santo.

dia 12

COMO ALIMENTAR A ALMA

"Como de banha e de gordura farta-se a minha alma; e, com júbilo nos lábios, a minha boca te louva."
(Salmos 63.5 – ARA)

Depois de entendermos que não devemos encher nossa alma de qualquer coisa, nos resta a pergunta: como, então, nutri-la?

A nossa alma precisa de alimento tanto quanto o nosso corpo. Jesus deixou isso claro quando disse: "*Eu sou o pão da vida; aquele que vem a mim não terá fome, e quem crê em mim nunca terá sede*" (João 6.35 – ACF). Isso significa que a alma só encontra verdadeira satisfação quando está em comunhão com Cristo.

Esse alimento chega a nós de forma especial pela Palavra de Deus, conforme Jeremias declarou: "*Achando-se as tuas palavras, logo as comi, e a tua palavra foi para mim o gozo e a alegria do meu coração* [...]" (Jeremias 15.16 – ARC). Ler, meditar e obedecer à Palavra nos enche de vida, alegria e esperança. A Escritura é como pão fresco para o coração faminto.

Além disso, devemos continuamente, não apenas ocasionalmente, encher nossas mentes com o que é verdadeiro, puro e amável (cf. Filipenses 4.8). Assim como não sobrevivemos comendo esporadicamente, também não podemos esperar ter uma mente espiritual sem consistência na vida espiritual. Ou seja, sabemos que a forma primordial de nutrir nossa alma é por meio das disciplinas espirituais. Mas há outras coisas que podemos fazer também.

A **contemplação**, muitas vezes esquecida, é uma dessas práticas. O salmista escreveu: "*Quando contemplo os teus céus, obra dos teus dedos, a lua e as estrelas que estabeleceste*" (Salmos 8.3 – ARA). Esse "considerar" não é apenas observar, mas meditar demoradamente no que a criação revela sobre Deus. De forma prática, isso significa nutrir a alma com momentos de silêncio, de olhos levantados para o céu, ouvindo o canto dos pássaros ou assistindo ao pôr do sol. A contemplação desperta temor, humildade e adoração. Além de estudar a Bíblia, também somos convidadas a contemplar a criação do Criador e maravilhar-nos diante d'Ele.

Outro alimento para a alma é a **memória**. A Bíblia relata que o povo de Israel erguia memoriais para não esquecer o que o Senhor havia feito;[1] Jeremias declara: "*Quero trazer à memória o que me pode dar esperança*" (Lamentações 3.21 – ARA). E, da mesma maneira, devemos fazer. Podemos, por exemplo, manter diários espirituais, registrando respostas de oração, livramentos e bênçãos. Revisitá-lo em tempos de deserto fortalece a fé, lembrando-nos de que o Deus que já agiu antes é o mesmo que continua a cuidar de nós hoje.

---

1 Cf. Josué 4.7.

Uma outra maneira de alimentar a alma, e que poucos percebem, é a **hospitalidade**. Em Hebreus 13.2 (ACF) está escrito: "*Não vos esqueçais da hospitalidade, porque por ela alguns, não o sabendo, hospedaram anjos*". Jesus mesmo ensinou que, ao servir ao próximo, servimos a Ele.[2] Quando abrimos a nossa casa, compartilhamos uma refeição ou oferecemos tempo e atenção a alguém, não apenas abençoamos o outro, mas também somos nutridos à mesa da comunhão.

Além disso, **o descanso** também alimenta a alma. Na Bíblia, aprendemos que o shabat não era apenas uma pausa do trabalho, mas um momento de encontro com Deus. Isaías 58.13-14 reafirma que guardar o dia do Senhor traz deleite e renovação. Portanto, entenda que descansar não significa se anestesiar diante da televisão ou perder horas rolando o feed das redes sociais. O descanso bíblico é ativo: é criar ritmos semanais de descompressão e reconexão com Deus, parar para respirar, agradecer e se alegrar na bondade do Senhor. Esse descanso sagrado é como um suspiro profundo da alma.

Por fim, também é importante lembrar que Deus nos fez com **gostos e paixões**. Descobrir e investir em hobbies saudáveis pode ser um jeito de cuidar da alma. Paulo nos lembra: "*Tudo quanto fizerdes, fazei-o de todo o coração, como para o Senhor* [...]" (Colossenses 3.23 – ARA). Hobbies ativos — tocar um instrumento, cozinhar, pintar, caminhar, cultivar um jardim, ler, fazer um esporte — trazem leveza, ajudam a organizar os pensamentos e aliviam a pressão do dia a dia. Eles nos ensinam que descansar não é "não fazer nada", mas sim encontrar prazer em atividades que restauram, que nos lembram da beleza da vida e da bondade do Criador.

---

2 Cf. Mateus 25.

Alimentar a alma é viver com Cristo em todas as áreas da vida, transformando cada detalhe em oportunidade de nutrir o coração por meio da comunhão com o Espírito Santo. A alma se fortalece quando se volta constantemente para o Pão do Céu — Jesus — e encontra n'Ele sentido, leveza e vida em abundância.

VAMOS ORAR JUNTAS?

Pai, eu peço ao Senhor que venhas me dar discernimento de como alimentar a minha alma. Que eu venha a enxergar as coisas pela perspectiva celestial e fazer tudo para a Tua honra e glória. Em nome de Jesus, eu oro. Amém.

PASSOS PRÁTICOS

Hoje, escolha um alimento para a sua alma além da leitura da Palavra. Pode ser contemplar a criação ou até preparar uma refeição especial para alguém em espírito de hospitalidade. Enquanto fizer isso, repita em oração: "Minha alma se satisfaz em Ti, Senhor".

dia
13

INTELIGÊNCIA EMOCIONAL

"Mas o fruto do Espírito é: amor, alegria, paz, longanimidade, benignidade, bondade, fidelidade, mansidão, domínio próprio. Contra estas coisas não há lei." (Gálatas 5.22-23 – ARA)

Como podemos desenvolver a inteligência emocional à luz da Palavra de Deus?

Todos os passos que temos dado ao longo deste devocional convergem para este propósito: tornar-nos pessoas emocionalmente equilibradas e guiadas pelo Espírito Santo. Isso significa deixarmos de ser reativas diante das situações e aprender a responder com sabedoria, estabilidade e maturidade aos desafios da vida.

A inteligência emocional não surge de um dia para o outro; ela é fruto de um processo espiritual e contínuo. A Bíblia nos aponta princípios que nos ajudam a crescer nessa área, e quero destacar alguns deles aqui.

Autoconsciência e o olhar para dentro

O primeiro passo é a autoconsciência. A Palavra nos convida a olhar para dentro,[1] avaliar o nosso coração e examinar nossas

1 Cf. 2 Coríntios 13.5.

motivações diante de Deus. Sem esse exercício, corremos o risco de viver no automático, reagindo sem pensar, em vez de responder de forma consciente e espiritual.

Descobrir os gatilhos emocionais

Outro ponto fundamental é identificar os gatilhos que despertam reações insensatas em nós. Esses gatilhos podem ser situações, palavras ou até lembranças que nos levam à ira, à ansiedade ou ao medo, por exemplo. Quando os reconhecemos, temos a oportunidade de submetê-los ao Senhor, permitindo que Ele trate e cure as áreas feridas dentro de nós. Assim, guardamos o coração, como nos orienta Provérbios 4.23. Conhecer nossas vulnerabilidades nos ajuda a agir com sabedoria, evitando pecar e mantendo-nos em paz.

Autorregulação e domínio próprio

Depois de identificar os gatilhos, precisamos aprender a nos autorregular. Em Efésios 4.26 (ARA), a Palavra nos adverte: "*Irai-vos e não pequeis* [...]". Ou seja, sentir emoções não é pecado; o problema é deixar que elas nos controlem e determinem nossas atitudes. A autorregulação é decorrente do domínio próprio,[2] e, quando escolhemos responder com sabedoria em vez de reagir impulsivamente, deixamos de ser escravas das emoções e permitimos que o Espírito Santo governe nossas ações.

---

2 Cf. Gálatas 5.

Empatia e compaixão

Também evidenciamos nossa maturidade na empatia e na compaixão, que são a capacidade de nos colocarmos no lugar do outro, de compartilhar dores e alegrias, conforme Romanos 12.15. Jesus, o nosso maior exemplo, constantemente Se compadecia das multidões e espera que nós também desenvolvamos um coração empático como o d'Ele.

Estabilidade em Deus

Não podemos viver como as ondas do mar, instáveis e voláteis.[3] Precisamos estar firmadas em Deus, que é a nossa Rocha, e não permitir que sentimentos passageiros determinem nossos passos. A estabilidade é fruto de uma fé provada pelo fogo e da confiança em Cristo.

Lidar com frustrações e transformar dificuldades em combustível

Jesus foi claro ao afirmar: "[...] *no mundo tereis aflições, mas tende bom ânimo; eu venci o mundo*" (João 16.33 – ACF). A vida é repleta de frustrações e adversidades, mas é justamente nelas que podemos experimentar a paz de Cristo. Cada vale que atravessamos se torna uma escola do Espírito Santo, que nos guia e instrui. Com o tempo, aprendemos a transformar adversidades em oportunidades de crescimento, usando as dificuldades como combustível para avançar. Como Paulo escreveu em Romanos 5.3-4 (ACF): "[...] *a tribulação produz a paciência, e a paciência a experiência, e a*

3 Cf. Tiago 1.6-8.

experiência a esperança". Assim, as tribulações não são em vão: elas moldam nosso caráter, fortalecem nossa esperança e nos ensinam a confiar n'Aquele que já venceu por nós. A vitória da crente não é ausência de problemas, mas permanecer firme, crescer em meio às lutas e sair aprovada por Deus dos desertos da vida.

Portanto, a verdadeira inteligência emocional bíblica vai além do simples autocontrole humano, ela é vida no Espírito. A cristã madura não é aquela que não sente emoções, mas aquela que não é dominada por elas. Nosso maior exemplo é Cristo: em meio ao sofrimento, Ele respondeu com amor, liberou perdão e manteve uma fé inabalável. Se andarmos nesse caminho, seremos cada vez mais semelhantes a Ele: firmes, estáveis e cheias de Graça em todas as situações da vida.

VAMOS ORAR JUNTAS?

Pai, peço que eu venha ter consciência do meu estado e que o Senhor tragas estratégias divinas para que eu possa reconhecer as minhas emoções e submetê-las a Ti, mas nunca ser dominada por elas. Em nome de Jesus, eu oro. Amém.

PASSOS PRÁTICOS

Hoje, escolha um momento para identificar um gatilho emocional que te faz reagir de forma impulsiva ou ansiosa. Anote-o, ore pedindo a intervenção do Espírito Santo e escreva uma ação concreta que você pode tomar na próxima vez que esse gatilho surgir. Declare: "Com o Teu Espírito, posso responder com sabedoria e não com impulso".

dia 14

PROPÓSITO

"Jesus, aproximando-se, falou-lhes, dizendo: Toda a autoridade me foi dada no céu e na terra. Ide, portanto, fazei discípulos de todas as nações, batizando-os em nome do Pai, e do Filho, e do Espírito Santo; ensinando-os a guardar todas as coisas que vos tenho ordenado. E eis que estou convosco todos os dias até à consumação do século." (Mateus 28.18-20 – ARA)

Quando Jesus foi batizado, algo extraordinário aconteceu: os céus se abriram, o Espírito Santo desceu como pomba sobre Ele e uma voz declarou: "[...] *Este é o meu Filho amado, em quem me comprazo*" (Mateus 3.17 – ARA). Esse momento não apenas afirmou a identidade de Jesus, mas também liberou poder e capacitação para o propósito que O aguardava. Da mesma forma, nossa identidade e propósito caminham juntos. Quando descobrimos quem somos em Deus, somos capacitadas para viver aquilo para o qual fomos chamadas.

Propósito vai além de objetivos pessoais ou sonhos terrenos; é a intenção e o plano de Deus para cada um de Seus filhos. A Bíblia destaca os dois grandes propósitos que norteiam a vida cristã: **o Grande Mandamento e a Grande Comissão**.

O Grande Mandamento nos chama a amar a Deus de todo o coração, de toda a alma e com todas as forças (Deuteronômio 6.5).

Esse amor se manifesta em comunhão íntima com Ele, em conhecê-lO e fazê-lO conhecido; em adorá-lO e obedecê-lO. Amar a Deus é o centro de tudo, é a essência do nosso existir.

A Grande Comissão é o chamado para ir ao mundo e fazer discípulos de todas as nações (cf. Mateus 28.18-20; Marcos 16.15-18). Esse propósito inclui pregar o Evangelho, batizar, ensinar, discipular e viver em comunhão — e esse é o chamado geral para todo aquele nascido de novo. É também um convite para experimentar o sobrenatural: orar por enfermos, expulsar demônios, mover-se com ousadia na autoridade que Cristo nos deu. Ou seja, o nosso propósito não é apenas sobre nós, é sobre transformar vidas e nações.

Mas há também o chamado específico, aquela missão única que só você pode cumprir. Deus não nos criou em série; Ele nos formou de maneira singular, com dons, talentos e paixões únicas. Ele nos escolheu[1] e tem um plano especial para cada uma de nós.[2] Essas verdades nos lembram de que não estamos aqui por acaso.

Descobrir o chamado específico envolve entender nossa missão de vida. O propósito de Deus nos coloca em lugares estratégicos e nos chama a uma entrega radical. Ester, por exemplo, respondeu corajosamente ao chamado de Deus: jejuou, O buscou e decidiu arriscar sua própria vida, declarando: "[...] *se eu tiver de morrer, morrerei*" (Ester 4.16). Esse é o tipo de paixão que nos impulsiona a viver além de nós mesmas.

Cumprir o chamado vai além do mero desejo; requer dedicação, entrega e até uma "obsessão santa". Assim como Ester, precisamos

---

1 Cf. 1 Pedro 2.9

2 Cf. Jeremias 29.11

estar dispostas a jejuar, orar e arriscar tudo por amor à missão. O propósito de Deus não é um acessório à vida cristã, mas a própria essência dela; é a razão de nos levantarmos a cada manhã e a chama que nos sustenta diante das lutas.

Você não está aqui por acaso. Deus sonhou com você antes da fundação do mundo, planejou sua vida e colocou em você dons e talentos para um tempo como este. Seu propósito não é apenas sobreviver, mas viver de forma que a glória de Deus seja conhecida. O mundo precisa de homens e mulheres que descubram quem são em Cristo e abracem com paixão o chamado que receberam. Hoje, o Espírito Santo convida você a olhar para dentro e perguntar: "Estou disposta a viver não para mim, mas para o Reino?". Se a resposta for "sim", prepare-se para uma vida cheia de sentido, poder e impacto, pois, quando vivemos para o propósito de Deus, descobrimos a verdadeira alegria, a verdadeira paz e a verdadeira realização.

VAMOS ORAR JUNTAS?

Senhor Deus, que venhamos a ter clareza de qual é o nosso propósito aqui na terra e que venhamos a ter essa santa obsessão para cumprir com o Teu chamado específico para as nossas vidas. Capacita-nos para toda boa obra, em nome de Jesus. Amém.

PASSOS PRÁTICOS

Perguntas que despertam propósito:

- Tenho sido discípula de Jesus ou apenas admiradora?
- Onde está meu tesouro: no Céu ou nas coisas deste mundo?
- Por que nasci exatamente nesta família, neste tempo e neste lugar?
- O que faço com facilidade e graça, enquanto outros têm dificuldade?
- Quais dons e talentos o Senhor depositou em mim?
- O que arde em meu coração e não me deixa descansar?
- Quero cumprir o propósito para engrandecer o meu nome ou o nome do Senhor?

Após responder, avalie suas respostas com sinceridade e apresente ao Senhor suas dúvidas, falhas e fraquezas. Passe alguns minutos em silêncio, ouvindo o Espírito Santo e registrando em um caderno as impressões que Ele colocar em seu coração. Comprometa-se a praticar cada orientação recebida e finalize sua oração agradecendo a direção, pedindo força e perseverança para obedecer fielmente.

O CORPO

"Rogo-vos, pois, irmãos, pelas misericórdias de Deus, que apresenteis o vosso corpo por sacrifício vivo, santo e agradável a Deus, que é o vosso culto racional." (Romanos 12.1 – ARA)

Você já parou para refletir sobre o que, de fato, é o corpo? Não me refiro apenas à junção de carne, ossos e músculos, mas ao mistério do corpo à luz da Bíblia. Ele não é um detalhe, um invólucro descartável ou uma prisão da alma, como alguns pensam. O corpo é parte essencial de quem somos e do propósito de Deus para nós na terra.

Desde Gênesis, a Palavra revela que fomos formadas do pó da terra e recebemos o sopro de vida de Deus.[1] Isso significa que não somos seres espirituais presos a uma matéria indigna, mas seres integrais: corpo, alma e espírito. Criado à imagem e semelhança de Deus, o corpo foi declarado bom, para expressar Sua glória no mundo físico.

O pecado, porém, trouxe fragilidade, deturpação, doença e morte. Ainda assim, o corpo nunca perdeu sua dignidade. Paulo, em 1 Coríntios 6.19-20, nos lembra de que nosso corpo é templo

---

1 Cf. Gênesis 2.7.

do Espírito Santo, e isso muda tudo: aquilo que fazemos com nosso corpo importa! Ele é chamado a ser instrumento de serviço, canal de obediência, sacrifício vivo diante de Deus.[2]

O maior testemunho da importância do corpo é a encarnação: o Filho de Deus Se fez carne e habitou entre nós.[3] Cristo assumiu um corpo humano real, viveu, sofreu, morreu e ressuscitou em corpo. E esta é a nossa esperança: assim como Ele ressuscitou, também seremos revestidas de incorruptibilidade.[4]

O corpo, portanto, não é inimigo da vida espiritual. Ele é parte da nossa vocação. É com ele que servimos, adoramos e testemunhamos. Mais ainda: com ele aguardamos a gloriosa redenção, quando seremos transformadas à semelhança de Cristo.[5]

Este é o convite: enxergar o corpo não apenas como matéria, carne e osso, mas como parte do grande propósito de Deus. Quando compreendermos essa verdade, a forma como vivemos, cuidamos, servimos e até esperamos o futuro será completamente transformada.

---

2 Cf. Romanos 12.1.

3 Cf. João 1.14.

4 Cf. 1 Coríntios 15.42-44.

5 Cf. Filipenses 3.21.

dia
15

POR QUE CUIDAR DO CORPO?

"Acaso, não sabeis que o vosso corpo é santuário do Espírito Santo, que está em vós, o qual tendes da parte de Deus, e que não sois de vós mesmos? Porque fostes comprados por preço. Agora, pois, glorificai a Deus no vosso corpo."
(1 Coríntios 6.19-20 – ARA)

Você já parou para pensar que o corpo que recebemos de Deus não é apenas uma estrutura biológica, mas também um presente e uma responsabilidade espiritual? Dentro da Igreja, é comum falarmos muito sobre espírito e alma, mas deixarmos de lado o corpo, como se ele fosse algo de menor valor. No entanto, a Palavra nos lembra de que fomos criadas com espírito, alma e corpo[1] e de que cada parte de nós tem um papel essencial no cumprimento do chamado de Deus.

Cuidar do corpo não é vaidade, tampouco se trata de seguir padrões estéticos impostos pela sociedade. É responsabilidade e boa mordomia. Assim como administramos dons, talentos e recursos, também precisamos administrar bem nossa saúde física. O corpo é templo do Espírito Santo (cf. 1 Coríntios 6.19-20) e, portanto, cuidar dele é honrar a Deus. Não podemos separar nossa espiritualidade

1 Cf. 1 Tessalonicenses 5.2.

da forma como tratamos nosso corpo. Se negligenciamos a saúde, se esgotamos nossas forças sem sabedoria, corremos o risco de limitar aquilo que o Senhor deseja realizar por meio de nós.

Existe, porém, uma dimensão ainda mais profunda: o cuidado com o corpo físico reflete diretamente no cuidado com o Corpo de Cristo. O apóstolo Paulo nos ensina que "*assim como num só corpo temos muitos membros,* [...] *assim também nós, conquanto muitos, somos um só corpo em Cristo e membros uns dos outros*" (Romanos 12.4-5 – ARA). Isso significa que o modo como nos cuidamos impacta não apenas a nossa vida individual, mas também a coletividade da Igreja. O mesmo princípio de 1 João 4.20 se aplica aqui: como conseguiremos amar e cuidar do Corpo de Cristo se não conseguimos nem cuidar do nosso próprio corpo físico?

Um corpo debilitado, cansado e negligenciado enfraquece sua contribuição para o Corpo de Cristo e não consegue servir plenamente. Mas, quando cada membro cuida de si, fortalece o todo. É como no organismo humano: se um órgão adoece, todo o corpo sofre; mas, quando cada parte funciona em harmonia, o corpo inteiro floresce.

Jesus, em Sua última ceia, partiu o pão e disse: "*Isto é o meu corpo, que por vós é dado*" (Lucas 22.19 – ACF). Ele falava não apenas de Seu corpo físico, que seria entregue na cruz, mas também do Seu Corpo espiritual, a Igreja, que deveria repartir-se e espalhar-se pelo mundo, levando vida, esperança e o Evangelho de Cristo. Assim, ao cuidarmos do nosso corpo físico, estamos também nos preparando para repartir melhor o pão da vida com os que têm fome.

Além disso, cuidar do corpo é um ato de amor: amor a Deus, que nos confiou esse templo; amor a nós mesmas, reconhecendo o valor que Ele nos deu; e amor ao próximo, pois somente fortalecidas poderemos servir melhor. Esse cuidado não é sobre vaidade ou futilidade, sobre dietas loucas, cobranças externas ou comparações, mas sobre equilíbrio, sabedoria e consciência de que tudo o que somos e temos deve glorificar ao Senhor.

Oração, estudo da Palavra e vida em comunidade são indispensáveis, mas eles sustentam-se melhor quando estamos atentas também ao descanso, à alimentação e ao movimento do nosso corpo. O Senhor nos chama à integridade, e integridade significa ser inteira em todas as dimensões da vida.

Assim, cuidar do corpo é, ao mesmo tempo, preparar-nos para servir ao Corpo de Cristo. É um ato de rendição e obediência, mas também de esperança: esperança de que, ao cuidarmos bem do que nos foi confiado, possamos revelar mais plenamente o amor de Cristo em nós e através de nós.

Se o Corpo de Cristo precisa estar saudável, unido e forte para cumprir o "ide" de Jesus, por que não começar esse movimento de transformação dentro de nós mesmas, no cuidado com o corpo que Ele nos deu?

Que você possa olhar para o seu corpo com novos olhos, não de julgamento ou cobrança, mas de gratidão e zelo. Que o Espírito Santo a conduza em cada passo, mostrando que cada escolha saudável é também uma oferta de amor a Deus e um modo de fortalecer o Corpo de Cristo.

VAMOS ORAR JUNTAS?

Pai, eu peço por uma revelação de que o meu corpo é um veículo espiritual do Teu propósito aqui na terra. E, a partir disso, eu peço ao Senhor que venhas me ajudar a cuidar do meu corpo e a nutri-lo da melhor forma, para que eu possa Te servir ainda mais. Em nome de Jesus, amém.

PASSOS PRÁTICOS

Pegue uma caneta própria para vidro ou um post-it e escreva no espelho do banheiro este versículo: *"Porque vocês foram comprados por preço. Agora, pois, glorifiquem a Deus no corpo de vocês"* (1 Coríntios 6.20). Toda vez que olhar para ele, permita que a mensagem te lembre de que seu corpo é precioso aos olhos de Deus.

dia 16

DOMÍNIO PRÓPRIO: UM CORPO SUBMETIDO A CRISTO

"Mas esmurro o meu corpo e o reduzo à escravidão, para que, tendo pregado a outros, não venha eu mesmo a ser desqualificado." (1 Coríntios 9.27)

Você já percebeu como é fácil falar sobre domínio próprio em termos espirituais, mas tão difícil praticá-lo nas pequenas escolhas do dia a dia? Às vezes pensamos que domínio próprio se limita a resistir a grandes tentações, mas a verdade é que ele começa nas áreas mais simples da nossa vida — no prato que escolhemos, nas palavras que pronunciamos ou no tempo que dedicamos ao descanso ou ao trabalho.

O apóstolo Paulo coloca o domínio próprio como fruto do Espírito.[1] Isso significa que não é apenas uma disciplina humana ou um esforço pessoal, mas uma evidência da vida de Deus em nós. É o Espírito Santo quem nos fortalece para dizer "sim" ao que nos edifica e "não" ao que nos afasta do Senhor.

Submeter o corpo ao senhorio de Cristo é um ato profundo de obediência e adoração. Se não formos capazes de governar as

1 Cf. Gálatas 5.22-23.

pequenas áreas da vida — o que comemos, o quanto comemos ou a forma como falamos —, como conseguiremos resistir às tentações maiores?

Paulo usa a metáfora do atleta para nos ensinar sobre isso: "*Todo atleta em tudo se domina; aqueles, para alcançar uma coroa corruptível; nós, porém, a incorruptível*" (1 Coríntios 9.25 – ARA). O atleta disciplina seu corpo porque tem um alvo em mente. Da mesma forma, nossa disciplina corporal aponta para um alvo eterno: glorificar a Cristo em tudo.

Controlar o que entra em nosso corpo, seja comida, bebida ou até mesmo conteúdos que consumimos e estímulos aos quais nos expomos, é um exercício diário de entrega. Quando aprendemos a dizer "basta" diante do excesso, estamos treinando nosso coração para também dizer "não" diante do pecado. E, quando controlamos o que sai da nossa boca, exercitamos não apenas autocontrole, mas também amor, pois "[...] *a boca fala do que está cheio o coração*" (Lucas 6.45).

Muitas pessoas pensam que domínio próprio é aprisionamento ou repressão. Mas, em Cristo, é justamente o contrário: domínio próprio é liberdade! É ser liberta de uma vida governada pelos impulsos da carne para vivermos guiadas pelo Espírito.

Quando não temos domínio próprio, tornamo-nos reféns de desejos momentâneos que, no fim, nos esgotam e nos escravizam. Mas, quando submetemos nosso corpo ao Senhor, experimentamos uma leveza nova, porque já não somos dominadas por aquilo que nos rouba energia, saúde e paz.

Talvez você se pergunte: "Mas como posso desenvolver domínio próprio?". A resposta é simples, mas desafiadora: na prática, todos os dias. Comece com pequenas atitudes. Ore antes das refeições, pedindo ao Senhor que guie suas escolhas. Respire antes de responder em um momento de irritação, pedindo ao Espírito Santo palavras de vida. Escolha dormir mais cedo, se sabe que seu corpo precisa de descanso.

Essas modestas decisões diárias constroem em nós a musculatura espiritual necessária para enfrentar tentações maiores. Cada vez que dizemos "não" ao excesso e "sim" ao equilíbrio, declaramos com nosso corpo que ele pertence a Cristo.

O domínio próprio não é um peso, mas um presente. É a Graça de Deus operando em nós, nos ensinando que cuidar do corpo e controlar nossos impulsos é parte do processo de sermos conformadas à imagem de Cristo. Ao aprender a governar o corpo, estamos sendo preparadas para reinar com Ele.

VAMOS ORAR JUNTAS?

Pai, por meio da nossa submissão ao Seu Santo Espírito, nós pedimos ao Senhor que venhas gerar diariamente em nós o domínio próprio, que manifesta a nossa escolha por Ti e a nossa entrega a Ti. Em nome de Jesus, eu oro. Amém.

PASSOS PRÁTICOS

Pratique o domínio próprio em pequenas escolhas do seu dia. Imponha limite de tempo para o uso do celular e siga-o rigorosamente. A cada momento que você escolhe dizer "não" ao impulso e "sim" à disciplina, você treina seu corpo e seu espírito, mostrando que pertence a Cristo.

dia
17

ESPELHO, ESPELHO MEU

"Enganosa é a beleza e vã a formosura, mas a mulher que teme ao Senhor, essa sim será louvada." (Provérbios 31.30 – ACF)

Vivemos em uma sociedade que dita padrões de beleza cada vez mais inalcançáveis. As redes sociais estão repletas de filtros, comparações e modelos de perfeição que aprisionam corações e distorcem identidades. Não é à toa que tantas pessoas vivem exaustas, tentando se encaixar em moldes que nunca foram estabelecidos por Deus. Mas o que a Bíblia diz, afinal, sobre a verdadeira beleza?

As Escrituras revelam que o Senhor não define beleza como o mundo define. Enquanto o mundo foca o externo, Deus olha para o interior. Como disse o profeta Samuel ao ungir Davi: "[...] *o Senhor não vê como vê o homem. O homem vê o exterior, porém o Senhor, o coração*." (1 Samuel 16.7 – ARA). A real beleza, portanto, não está em rostos ou corpos que se enquadram em um padrão passageiro, mas em corações genuinamente rendidos ao Criador.

Deus é o autor da beleza, é isso que a Bíblia nos mostra. Toda a criação revela Sua glória: as flores do campo, o nascer do sol, o mar que se estende até onde a vista alcança. Mas, acima de tudo, a beleza de Deus se revela em Cristo, "*o mais formoso dos filhos dos homens*" (Salmos 45.2). Essa beleza, porém, não estava em uma estética humana deslumbrante, mas em Sua graça, Sua verdade e Seu amor, que atraía corações.

Isaías descreve que, quando Jesus veio ao mundo, "[...] *não tinha aparência nem formosura; olhamo-lo, mas nenhuma beleza havia que nos agradasse*" (Isaías 53.2 – ARA). Isso reafirma que a beleza que transformava vidas não era a externa, mas a glória do Pai resplandecendo através d'Ele. Assim, a beleza bíblica é marcada pela presença de Deus em nós, refletida em caráter, santidade, mansidão, amor e graça.

Conforme o apóstolo Pedro nos lembra:

> *A beleza de vocês não deve estar nos enfeites exteriores, como cabelos trançados e joias de ouro ou roupas finas. Ao contrário, esteja no ser interior, que não perece, beleza demonstrada num espírito dócil e tranquilo, o que é de grande valor para Deus.* (1 Pedro 3.3-4 – NVI)

Pedro não estava dizendo que cuidar da aparência fosse pecado. O problema está em fazer dela nossa identidade e segurança. A beleza fútil da sociedade é instável e cruel: hoje você se enquadra, amanhã já não. A beleza de Deus, por outro lado, é eterna, firme e gera vida. Ela não oprime, mas liberta. Ao entendermos essa verdade, somos chamadas a agir diferente. Em vez de nos submetermos a padrões doentes, escolhemos refletir a beleza de Cristo em nossas atitudes, palavras e no modo como tratamos os outros. Essa é a beleza que permanece e que exala vida.

Em um mundo obcecado pela imagem, nosso chamado é brilhar com autenticidade. Não precisamos ser reféns do espelho nem dos filtros digitais que tentam esconder quem realmente somos. Podemos ser mulheres que, ao olharem no espelho, reconhecem que sua identidade não está em rugas, medidas ou aprovações, mas no fato de serem filhas amadas de Deus.[1]

Agir de forma cristã em relação à beleza é:

- Valorizar o corpo como templo do Espírito, sem idolatrá-lo.
- Cultivar a beleza do coração, com fruto do Espírito.
- Ser voz de encorajamento em vez de comparação.
- Escolher roupas, palavras e posturas que revelem o caráter de Cristo.

Quando vivemos assim, a verdadeira beleza de Deus é revelada ao mundo. É uma beleza que não é passageira, mas eterna; não é frágil, mas poderosa; não oprime, mas inspira. O espelho pode até refletir a sua imagem externa, mas apenas Deus revela quem você realmente é. A beleza que permanece é aquela que nasce do coração rendido ao Senhor, refletindo a vida d'Ele em cada detalhe do seu ser.

---

1 Cf. João 1.12.

VAMOS ORAR JUNTAS?

Pai, eu peço ao Senhor que venhas trazer a revelação do que é o Teu padrão de beleza. Eu quero viver de acordo com a beleza celestial, a beleza que vem de dentro, de uma vida rendida a Ti. Muda a minha mentalidade sobre isso. Eu Te peço, em nome de Jesus. Amém.

PASSOS PRÁTICOS

Escolha hoje se arrumar ou se vestir com carinho, não por vaidade, mas como sinal de dignidade e honra ao corpo que Deus lhe deu. Pense que cada detalhe — a roupa, os acessórios, até a postura — é uma forma de honrar e reconhecer que seu corpo é um templo do Espírito Santo, digno de cuidado e apreço.

dia
18

O CORPO COMO INSTRUMENTO

"E o Verbo se fez carne e habitou entre nós, cheio de graça e de verdade, e vimos a sua glória, glória como do unigênito do Pai."
(João 1.14)

Já pensou que o corpo não é apenas uma estrutura física para nossa existência, mas um instrumento sagrado por meio do qual Deus manifesta Seus propósitos na terra? Desde o início, o Senhor criou o ser humano com espírito, alma e corpo, para que pudéssemos ser coparticipantes de Sua obra e cooperadoras no estabelecimento do Seu Reino.

Tudo o que Deus faz na terra passa, de alguma forma, pelo corpo humano. O próprio Jesus, o Filho de Deus, precisou assumir um corpo de homem para cumprir o plano da salvação. Ele não veio como uma ideia ou apenas como uma voz do céu, mas "[...] *o Verbo se fez carne e habitou entre nós* [...]" (João 1.14). Se até Cristo precisou de um corpo para revelar a glória do Pai, quanto mais nós precisamos compreender o papel do nosso corpo como instrumento divino.

O corpo é o veículo por meio do qual oramos, pregamos, servimos, abraçamos, caminhamos até os necessitados, levantamos mãos em adoração e até mesmo derramamos lágrimas que consolam. O corpo é a expressão visível do invisível. Sem o corpo, não conseguimos cumprir o "ide" de Jesus, conforme Marcos 16.15.

Paulo reforça isso de forma exemplar em Romanos 12.1 (ACF): "*Rogo-vos, pois, irmãos, pela compaixão de Deus, que apresenteis os vossos corpos em sacrifício vivo, santo e agradável a Deus, que é o vosso culto racional*". Note que ele não fala apenas do espírito, mas dos corpos, revelando que todo o nosso ser físico deve estar à disposição de Deus, como um instrumento de adoração.

Jesus é o modelo perfeito de um corpo plenamente entregue ao Pai. Com Suas mãos, Ele tocou os enfermos e os curou;[1] partiu o pão e alimentou multidões.[2] Com Sua voz, proclamou o Reino.[3] E, no ato mais profundo de amor, com Seu corpo ferido e entregue na cruz, trouxe redenção para toda a humanidade.[4] O corpo de Jesus foi o canal pelo qual a vontade do Pai se cumpriu. E nós, como Seus discípulos, somos chamadas a seguir Seus passos, permitindo que nosso corpo seja igualmente um instrumento de vida e transformação.

Ao entendermos que o corpo é instrumento de Deus, passamos a olhar para ele não com descuido ou vaidade, mas com propósito. Cada escolha que fazemos — o que comemos, como descansamos,

---

1 Cf. Mateus 14.19.

2 Cf. Mateus 14.19-20; Marcos 6.41-42; Lucas 9.16-17; João 6.11-13.

3 Cf. Lucas 4.18.

4 Cf. 1 Pedro 2.24.

o que falamos, como nos relacionamos — influencia diretamente na forma como seremos usadas pelo Senhor. Lembre-se de que um corpo saudável e disciplinado é mais disponível para o serviço do Reino. Portanto, não é sobre buscar perfeição estética, mas sim funcionalidade espiritual: para estar pronta para ser enviada, para orar de madrugada, para servir ao próximo com disposição e para anunciar o Evangelho em qualquer circunstância.

Seu corpo não é um fardo nem um obstáculo. Ele é o presente que Deus lhe deu para ser o veículo da Sua glória na terra. Quando consagramos nosso corpo ao Senhor, cada gesto se transforma em adoração e cada ação se torna ministério.

Que disponibilizemos plenamente nossos corpos a Deus para que Ele os use como veículos de Seu amor e do Seu Reino. Deus escolheu agir na terra através de corpos, então que o nosso seja um altar vivo, disponível e santo, pelo qual Ele possa continuar estabelecendo Seu Reino.

VAMOS ORAR JUNTAS?

Pai, hoje eu reconheço que o corpo é essencial para que eu cumpra o meu propósito divino. Assim como Jesus veio em corpo, eu também preciso do meu corpo para exercer aquilo que o Senhor tens para mim nesta terra. Traz-me essa revelação e me ensina a viver assim. Em nome de Jesus, amém.

PASSOS PRÁTICOS

Use seu corpo para servir alguém de forma prática. Pode ser ajudando alguém em uma tarefa, preparando uma refeição, carregando algo pesado ou fazendo uma visita especial. Cada gesto, por menor que pareça, é uma oportunidade de expressar o amor de Deus.

dia
19

OS TRÊS PILARES: SONO, ALIMENTAÇÃO E EXERCÍCIO

"Se alguém destruir o templo de Deus, Deus o destruirá; porque o templo de Deus, que sois vós, é santo." (1 Coríntios 3.17 – ACF)

Ao entendermos que o corpo é o veículo de Deus na terra, precisamos passar a cuidar dele com zelo e sabedoria, oferecendo ao Senhor um corpo disposto, saudável e pronto para cumprir Seus propósitos. Nesse cuidado, três pilares são fundamentais para sustentar nossa saúde física e, consequentemente, nossa disponibilidade espiritual**: sono, alimentação e exercício.**

O sono

Muitas vezes confundimos descanso com horas acumuladas de sono, mas o verdadeiro descanso começa na forma como nos preparamos para dormir. Quantas vezes desperdiçamos tempo rolando a tela do celular, consumindo distrações sem valor, enquanto o corpo clama por repouso? O salmista já dizia: "I*nútil vos será levantar de madrugada, repousar tarde, comer o pão que penosamente granjeastes; aos seus amados ele o dá enquanto dormem*" (Salmos 127.2 – ARA).

O sono é mais do que uma pausa: é o momento em que nosso corpo se restaura, nossas forças se renovam e nossa mente se reorganiza. Eclesiastes 5.12 (ARA) nos lembra de que "*doce é o sono do trabalhador, quer coma pouco, quer muito* [...]". Descansar é, portanto, um presente de Deus para os que vivem de forma diligente.

Quando vamos para a cama mais cedo e oferecemos ao corpo o descanso de que ele precisa, estamos investindo em energia e clareza para servir melhor no dia seguinte. É um ato de boa mordomia: parar de perder tempo com aquilo que não edifica para dar ao corpo a chance de se recompor plenamente.

Dormir bem não é preguiça, é sabedoria; é obedecer ao ritmo que Deus estabeleceu na Criação, onde até a noite foi feita para nos lembrar de que existe um tempo de parar, descansar e confiar no cuidado do Pai. O próprio Jesus disse aos discípulos: "[...] *Vinde vós, aqui à parte, a um lugar deserto, e repousai um pouco* [...]" (Marcos 6.31 – ACF).

A alimentação

Assim como não nos alimentamos de qualquer "lixo" espiritual, também não devemos aceitar qualquer "lixo" natural para o nosso corpo. Desde a Criação, Deus providenciou uma alimentação saudável para nós: "*E disse Deus: Eis que vos tenho dado toda a erva que dê semente [...]; e toda a árvore, em que há fruto que dê semente, ser-vos-á para mantimento*" (Gênesis 1.29 – ACF).

Nossa alimentação não deve ser uma dieta extrema ou passageira, mas um estilo de vida inspirado na revelação de que o Senhor já nos deu, em Sua Criação, tudo de que necessitamos para nutrir bem o corpo: frutas, legumes, grãos, sementes, animais e tantas outras fontes naturais foram dadas para que tivéssemos uma nutrição equilibrada e completa.

Quando nos alimentamos de forma consciente e saudável, estamos cuidando do templo do Espírito Santo e dando ao corpo o combustível certo para avançar na missão. Alimentar-se bem é, portanto, uma forma de honrar a Deus. Daniel e seus amigos provaram isso quando rejeitaram as iguarias do rei e escolheram legumes e água: "*E, ao fim de dez dias, apareceram os seus semblantes melhores, e eles estavam mais gordos de carne do que todos os jovens que comiam das iguarias do rei*" (Daniel 1.15 – ACF). Entenda: **não é sobre restrição, mas sobre revelação**; é olhar para cada refeição não apenas como prazer momentâneo, mas como oportunidade de cuidar do instrumento que Ele nos confiou.

O exercício físico

Assim como fortalecemos o músculo da fé com a prática constante, também precisamos fortalecer os músculos do corpo com exercícios regulares. Não é vaidade, é sabedoria. O exercício físico aumenta nossa longevidade, protege nossa saúde e nos dá disposição para servir ao Senhor em todas as estações da vida. Ter músculos firmes e corpo preparado significa ter qualidade de vida. Como diz Provérbios 31.17 (ACF) sobre a mulher virtuosa: "*Cinge os seus lombos de força, e fortalece os seus braços*". Queremos ser mulheres que, até o último dia na terra, tenham energia e saúde para viver o chamado de Deus sem limitações impostas pela negligência.

O exercício físico não tem a ver com estética, embora isso seja uma consequência, mas com funcionalidade espiritual: queremos estar prontas, disponíveis e inteiras para expandir o Reino de Deus. Hebreus 12.12 (ACF) nos incentiva: "*Portanto, tornai a levantar as mãos cansadas, e os joelhos desconjuntados*".

Portanto, sono, alimentação e exercício vão além de simples rotinas de saúde, são pilares espirituais que suportam o chamado eterno e que sustentam a vida daquela que entende o corpo como instrumento de Deus. Negligenciá-los é abrir espaço para o cansaço, para a doença e para limitações que podem impedir o cumprimento pleno do propósito divino. Não estaremos blindadas dos efeitos do pecado no mundo, mas, no que diz respeito à nossa responsabilidade, faremos o que está ao nosso alcance.

Olhar para esses pilares é um ato de amor e de obediência: amor a Deus, que nos confiou o corpo; amor a nós mesmas, que precisamos de saúde para viver; e amor ao próximo, que depende da nossa disposição para servir. O corpo que temos hoje é o mesmo veículo que carregará nossa missão até o último dia. Que possamos cuidar bem dele, colocando-o a serviço do Rei dos reis, para que nada nos impeça de viver em plenitude tudo o que o Senhor planejou para nós.

VAMOS ORAR JUNTAS?

Pai, habilita-me a cuidar do meu corpo a partir desses três pilares. Ensina-me a respeitar o descanso, a me alimentar com sabedoria e a fortalecer o meu corpo com exercício físico para que eu possa estar cada vez mais apta e disponível para o Senhor e o estabelecimento do Teu propósito aqui nesta terra. Em nome de Jesus, amém.

PASSOS PRÁTICOS

Vá para a cama mais cedo, desligue distrações, ou seja, deixe o seu celular longe de você, desligue a televisão e permita que seu corpo descanse. Aproveite para ajustar seus horários, priorizando tempo com Deus e descanso.

dia
20

O EQUILÍBRIO: MORDOMIA x OBSESSÃO

"O Senhor é a minha força e o meu cântico; ele se tornou a minha salvação [...]." (Êxodo 15.2)

Com tudo o que temos falado, precisamos nos atentar a um ponto crucial: vivemos dias em que a saúde física se tornou um ídolo para muitos. Dentro e fora da Igreja, vemos uma verdadeira corrida por uma suposta saúde, pela aparência perfeita, pelo corpo escultural, pela rotina "irretocável" de exercícios e alimentação. E, até mesmo entre os cristãos, essa busca pode se tornar uma armadilha. O cuidado que deveria ser uma expressão de mordomia diante de Deus muitas vezes se transforma em obsessão e em fonte de identidade, motivação e força.

E, aqui, precisamos fazer uma pausa: qual é a fonte da nossa força?

Ao falarmos sobre cuidar do corpo, sempre precisamos nos lembrar de que ele é templo do Espírito Santo e instrumento de Deus na terra. Esse cuidado é ato de responsabilidade, amor e sabedoria. Como vimos, dormir bem, se alimentar de forma equilibrada e praticar exercícios não são vaidades, mas escolhas de mordomia que nos permitem viver com disposição e longevidade para cumprir a missão celestial.

Esse cuidado tem um propósito: servir ao Reino. Não se trata de buscar saúde por saúde, nem estética por estética, mas de preparar o corpo para que possamos dizer: "*Eis-me aqui, Senhor, envia-me a mim*" (cf. Isaías 6.8 – ACF).

O problema surge quando a saúde física deixa de ser um meio e passa a ser o fim. Quando a rotina de treinos, dietas e disciplina corporal se torna nossa principal fonte de motivação, começamos a nos afastar do verdadeiro centro da vida cristã: a intimidade com Deus. A crente não pode substituir a vida espiritual por uma "vida saudável". Não podemos confundir a energia do corpo com o poder do Espírito. Se nossa força vem apenas da academia, do prato perfeito ou das horas de sono, então perdemos o essencial, pois está escrito: "[...] *'Não por força, nem por violência, mas pelo meu Espírito', diz o Senhor dos Exércitos*" (Zacarias 4.6 – NVI).

Uma vida saudável no corpo é boa, necessária e muito recomendada, mas **jamais poderá ocupar o lugar que pertence somente à vida no Espírito**.

Jesus, antes de ascender aos Céus, deixou uma missão clara: "[...] *Ide por todo o mundo, pregai o evangelho a toda criatura*" (Marcos 16.15 – ACF). Ele também prometeu: "*Mas recebereis poder, ao descer sobre vós o Espírito Santo, e sereis minhas testemunhas* [...]" (Atos 1.8 – ARA). Perceba: a ordem de ir e o revestimento de poder não estão ligados à nossa força física, mas à ação do Espírito em nós.

A saúde do corpo é apenas a preparação, o suporte, a ferramenta para estarmos disponíveis e aptas para essa missão.

Toda disciplina corporal, toda escolha saudável, todo cuidado com o corpo deve ter este objetivo maior: colocar o veículo que Deus nos deu a serviço da missão celestial. Nada mais, nada menos.

Não é errado se alegrar com uma corrida bem-feita, com uma refeição nutritiva ou com a sensação de energia após uma boa noite de sono. O erro está em colocar nessas coisas a nossa confiança, identidade ou segurança. Paulo no adverte: "Pois o exercício físico para pouco é proveitoso, mas a piedade para tudo é proveitosa, porque tem a promessa da vida que agora é e da que há de ser" (1 Timóteo 4.8 – ARA).

O corpo saudável é uma bênção, mas é o Espírito Santo quem nos dá força para perseverar, resistir ao pecado, viver em santidade e cumprir o chamado. Cuidamos do corpo porque amamos a Deus e queremos servi-lO melhor, mas nossa vida não depende do corpo saudável — depende do Cristo vivo.

Que nunca troquemos a presença de Deus por uma vida saudável. Que nossa saúde física esteja sempre a serviço da missão celestial, e que toda a nossa força, motivação e determinação venham unicamente do Espírito do Senhor.

VAMOS ORAR JUNTAS?

Senhor Deus, tudo o que eu faço vem para servir o Teu propósito para a minha vida. Que o meu cuidado com o meu corpo nunca venha ser um fim em si, mas o meio para o estabelecimento do Teu Reino nesta terra. Traz-me discernimento e direção. Em nome de Jesus, eu oro. Amém.

PASSOS PRÁTICOS

Hoje, reflita sobre suas motivações ao cuidar do corpo. Antes de se exercitar, preparar uma refeição ou planejar seu descanso, pergunte a si mesma: "Estou fazendo isso para glorificar a Deus e estar disponível para Sua missão, ou apenas para satisfação pessoal?". Ajuste suas ações intencionalmente para que o cuidado com o corpo seja um meio de servir melhor ao Reino, e não um fim em si mesmo.

dia
21

SOFRER POR CRISTO: UMA VIDA SACRIFICIAL

"E eles se retiraram do Sinédrio regozijando-se por terem sido considerados dignos de sofrer afronta por esse Nome." (Atos 5.41 – ARA)

Ninguém gosta de sofrer. Desde pequenas, somos ensinadas a evitar a dor, a buscar conforto e a nos proteger do que nos machuca. Mas o Evangelho nos apresenta um caminho totalmente diferente: **sofrer por Cristo é privilégio**. Sim, privilégio! Pois, quando abraçamos a Cruz, quando caminhamos nos passos de Jesus, entendemos que existe um propósito eterno até mesmo naquilo que o mundo chama de perda.

Jesus, o Filho de Deus, não apenas viveu entre nós, mas sofreu em Seu corpo físico por amor. Ele foi rejeitado, perseguido, açoitado, crucificado. E tudo isso por mim e por você. Se Ele, sendo Senhor, não Se poupou de viver uma vida de dor e entrega, como poderíamos nós — Suas discípulas — esperar uma vida fácil e sem sacrifícios?

O apóstolo Pedro nos lembra: "*Se, pelo nome de Cristo, sois injuriados, bem-aventurados sois* [...]" (1 Pedro 4.14 – ARA). Sofrer pela causa do Evangelho não é desgraça, é bem-aventurança. É participar do mesmo caminho trilhado pelo Mestre. É tomarmos nossa Cruz diariamente e vivermos como se já estivéssemos mortas para que Ele viva em nós.

Não sofremos por sofrer. Não buscamos a dor como fim em si mesma. Sofremos porque decidimos viver uma vida sacrificial, dedicada a fazer Jesus conhecido. É o preço de carregar o nome d'Ele. E, nesse preço, descobrimos uma alegria que o mundo não pode roubar: a alegria de sermos encontradas dignos de padecer por Cristo (cf. Atos 5.41).

Falamos tanto, ao longo deste devocional, sobre o corpo como templo, como instrumento, como veículo de Deus na terra. E é justamente nesse corpo que muitas vezes experimentamos o peso do sofrimento: perseguição, privações, rejeição, até mesmo a dor física. Mas, quando sofremos pelo Evangelho, esse corpo não é apenas palco de dor — é altar de sacrifício. E cada lágrima, cada cicatriz, cada renúncia se torna oferta preciosa diante do Senhor. Sofrer no corpo por Cristo é segui-lO até as últimas consequências e testemunhar que a nossa esperança não está no aqui e agora, mas na glória que há de ser revelada.

O mundo chama de loucura, mas nós chamamos de alegria. O mundo chama de derrota, mas nós chamamos de vitória. Sofrer por Cristo não é fracasso, é fidelidade. É a marca daquelas que entenderam que o propósito maior da vida não é conforto, mas missão. Se Cristo morreu por nós, se Ele Se entregou até a morte de cruz, como poderíamos viver de outra forma que não fosse em sacrifício constante? Não somos chamadas a uma vida cômoda, mas a uma vida rendida. Não somos chamadas a evitar a Cruz, mas a tomá-la todos os dias e segui-lO.

E, nessa caminhada, descobrimos que o sofrimento não é o fim, mas caminho para a glória, pois está escrito: "*Porque a nossa leve e momentânea tribulação produz para nós um eterno peso de glória, acima de toda comparação*" (2 Coríntios 4.17).

Por isso, este é o chamado: ofereça diariamente o seu corpo como sacrifício vivo, santo e agradável a Deus (cf. Romanos 12.1). Viva como quem entende que o corpo não lhe pertence, mas lhe foi confiado para servir aos propósitos do Pai. Cada renúncia, cada escolha difícil, cada dor abraçada por causa do Evangelho é parte da nossa adoração.

Caminhemos, então, com coragem, conscientes de que sofrer por Cristo é privilégio e que viver uma vida sacrificial é a maior expressão de amor e fidelidade que podemos oferecer Àquele que Se entregou por nós. Por isso, não tema o sofrimento. Não fuja do sacrifício. Não se acomode em uma vida fácil e superficial. Lembre-se: é um privilégio sofrer por Cristo! É uma honra sermos perseguidas por causa do Seu nome, é alegria entregar nosso corpo, nossa alma e nosso espírito como oferta viva, sabendo que tudo coopera para que Jesus seja conhecido.[1]

O chamado de Cristo ecoa até hoje: "[...] *Se alguém quer vir após mim, negue a si mesmo, tome a sua cruz e siga-me*" (Mateus 16.24). Este é o caminho. Um caminho de sacrifício, sim, mas também de alegria plena em Sua Presença.

1 Cf. Romanos 8.28.

Que possamos, com coragem e esperança, abraçar a vida sacrificial, certos de que nada é em vão. Cada dor se transforma em glória. Cada renúncia, em ganho. Cada sofrimento, em testemunho. Sofrer por Cristo não é peso, é privilégio. Não é derrota, é vitória. Que vivamos, então, uma vida de entrega radical, custe o que custar, com a alegria de saber que estamos seguindo os passos do nosso Salvador.

ORE COMIGO

Pai, obrigada pelo privilégio que é andar nos mesmos passos que Cristo Jesus. Traz esta revelação ao meu coração, de que sofrer por Cristo é um dom, e me ensina a passar por cada tribulação com alegria em meu coração. Em nome de Jesus, eu oro. Amém.

PASSOS PRÁTICOS

Hoje, identifique uma renúncia que você possa fazer por amor a Cristo — seja renunciar a conforto, tempo ou algo que deseja — e entregue essa escolha a Ele em oração. Cada decisão consciente de seguir a Cruz, mesmo nas pequenas coisas, fortalece seu coração para viver uma vida sacrificial e cheia de propósito.

CONCLUSÃO

VIDA PLENA: ESPÍRITO, ALMA E CORPO

"O mesmo Deus da paz vos santifique em tudo; e o vosso espírito, alma e corpo sejam conservados íntegros e irrepreensíveis na vinda de nosso Senhor Jesus Cristo. Fiel é o que vos chama, o qual também o fará." (1 Tessalonicenses 5.23-24 – ARA)

Ao longo destes dias de reflexão, fomos conduzidas à verdade de que a vida plena que Deus preparou para nós só pode ser experimentada quando compreendemos a integralidade do nosso ser: espírito, alma e corpo. O apóstolo Paulo escreveu em 1 Tessalonicenses 5.23: "*O mesmo Deus da paz vos santifique em tudo; e o vosso espírito, alma e corpo sejam conservados íntegros e irrepreensíveis na vinda de nosso Senhor Jesus Cristo*". Essa não é apenas uma oração, mas um chamado para vivermos em plenitude diante do Senhor.

Como vimos, o espírito é o centro da nossa ligação com Deus. É no espírito que recebemos vida nova em Cristo[1] e somos habitadas pelo Espírito Santo, que nos guia em toda a verdade.[2] A saúde espiritual vem da oração, da Palavra e da obediência, pois é nesse nível que discernimos a vontade de Deus. Viver pelo espírito é escolher diariamente andar segundo o Espírito, e não satisfazer os desejos da carne.[3]

A alma, composta por mente, emoções e vontade, precisa ser continuamente renovada pela Palavra.[4] Ela é o campo de batalha onde travamos as maiores lutas, pois ali nascem pensamentos que podem nos levar à vida ou à morte.[5] O discipulado de Jesus nos chama a submetermos nossa alma ao Espírito Santo, de modo que nossos pensamentos, sentimentos e decisões reflitam o caráter de Cristo.

O corpo é o templo do Espírito Santo.[6] Devemos cuidar dele com disciplina, sobriedade e pureza, pois através dele expressamos a obediência prática a Deus. O corpo não é um fardo a ser desprezado, mas um instrumento a ser consagrado como sacrifício vivo, santo e agradável a Deus.[7]

Unindo espírito, alma e corpo, somos chamadas a viver de forma íntegra, como testemunhas do Reino. A vida plena não é

---

1 Cf. João 3.6.

2 Cf. João 16.13.

3 Cf. Gálatas 5.16.

4 Cf. Romanos 12.2.

5 Cf. Provérbios 23.7.

6 Cf. 1 Coríntios 6.19-20.

7 Cf. Romanos 12.1.

ausência de dificuldades, mas é viver com propósito, no poder do Espírito, tendo o coração guardado na paz de Cristo e oferecendo nosso corpo como veículo do Rei. Essa é a vida abundante que Jesus prometeu.[8]

Diante dessa revelação, o Senhor nos envia como filhas maduras, íntegras e frutíferas. O chamado não é apenas para guardar a fé, mas para manifestá-la em toda esfera da vida. Que você se levante como testemunha do Cristo vivo, permitindo que o Espírito governe seu interior, que sua alma seja renovada pela Palavra e que seu corpo seja instrumento de santidade.

Viva em plenitude. Viva no Espírito. Viva o chamado de Deus. Pois Aquele que nos chama é fiel, e Ele mesmo fará isso.

---

8 Cf. João 10.10.

Este livro foi produzido em Adobe Garamond Pro 12 e
impresso pela Gráfica Promove sobre papel Pólen Bold 90g
para a Editora Quatro Ventos em outubro de 2025.